Umwelt und Verkehr Band 5

Herausgegeben von der Dr. Joachim und Hanna Schmidt Stiftung
für Umwelt und Verkehr, D-Ilsede

Haupt

Heike Leitschuh-Fecht
Peter Holm
(Hrsg.)

Lebensräume schaffen

Artenschutz im Verkehrsnetz

Haupt Verlag
Bern · Stuttgart · Wien

Heike Leitschuh-Fecht (Jg. 1958, www.leitschuh-fecht.de) ist Diplom-Politologin und seit 1995 selbständige Autorin, Beraterin & Moderatorin mit dem Schwerpunkt der nachhaltigen Entwicklung, insbesondere von Unternehmen. Die Autorin publiziert vielfältig in Büchern, Fach- und Publikumszeitschriften. Sie ist Mitherausgeberin des «Jahrbuch Ökologie».
Bei Haupt sind von ihr unter dem Titel «Nachhaltig die Zukunft managen» Porträts von Nachhaltigkeitsmanagern in globalen Unternehmen erschienen sowie das Buch «Lust auf Stadt – Ideen und Konzepte für urbane Mobilität».

Peter Holm (Jg. 1935) ist Diplom-Ingenieur für das Bauingenieurwesen. Er war langjähriger Präsident des Landesamtes für Straßenbau in Hannover.
In der Forschungsgesellschaft für Straßen- und Verkehrswesen hat er sich besonders für die Belange der Landschaftsplanung und des Umweltschutzes eingesetzt und war von 1992 bis 2000 Vorsitzender der Forschungsgesellschaft. Seit 1992 ist er Mitglied des Vorstandes der Dr. Joachim und Hanna Schmidt Stiftung für Umwelt und Verkehr und betreut dort Forschungsvorhaben, Vortragsveranstaltungen und Kolloquien.

1. Auflage 2007

Bibliografische Information der *Deutschen Nationalbibliothek*

Die Deutsche Nationalbibliothek verzeichnet diese Publikation in der Deutschen Nationalbibliografie; detaillierte bibliografische Daten sind im Internet über http://dnb.d-nb.de abrufbar.

ISBN-13: 978-3-258-07138-1
ISBN-10: 3-258-07138-1

Gestaltung: René Tschirren
Umschlaggestaltung: Atelier Mühlberg, Basel
Printed in Switzerland

www.haupt.ch

Inhaltsverzeichnis

Allianz für Lebensraumkorridore

Einleitung

Peter Holm

> *«In den 80er Jahren hätte ich noch über die Rolle eines einzelnen Froschs im Biohaus gelächelt. Heute lächle ich über meine Unwissenheit von damals.»*
>
> Achim Steiner, Direktor des Umweltprogramms der Vereinten Nationen UNEP

Im Februar 1992, nahe dem 90. Geburtstag von Dr. Ing. Joachim Schmidt, gründete dieser zusammen mit seiner Ehefrau Hanna Schmidt die «Dr. Joachim und Hanna Schmidt Stiftung für Umwelt und Verkehr». Joachim Schmidt war zuvor als Eigentümer der Schmidt-Gruppe über 65 Jahre im Bereich der Herstellung von Straßenbaustoffen und Bauleistungen tätig.

Aufgabe der Stiftung ist es, die Konflikte darzustellen, die sich aus dem Bau und der Erhaltung von Verkehrsinfrastrukturen einerseits und den Erfordernissen des Umwelt- und Naturschutzes andererseits ergeben, sowie Lösungen im Sinne einer umweltgerechten Verkehrspolitik aufzuzeigen.

Mit diesem Ziel unterstützt die Stiftung Forschungsvorhaben, vergibt Stipendien und veranstaltet Tagungen. Im vergangenen Jahr entschied der Stiftungsvorstand, sich in einer großen öffentlichen Arbeitstagung für die Förderung der Lebensraumkorridore im vorhandenen und zu erweiternden Siedlungs- und Verkehrswegenetz einzusetzen. Diese fand am 15. März 2006 in Hannover statt; rund 100 Teilnehmerinnen und Teilnehmer aus der in- und ausländischen Fachwelt haben sich daran beteiligt.

Die Lebensraumkorridore, die sich in Jahrtausenden entwickelt hatten und für die Tier- und Pflanzenwelt einen ausreichenden Lebensraum darstellten, wurden insbesondere in den letzten Jahrhunderten durch Straßen, Eisenbahnen, Kanäle sowie die umfangreiche Besiedlung stark beeinträchtigt. Die damit verbundene übergroße Beanspruchung von Flächen hatte gravierende Folgen für die Tiere und Pflanzen. Doch nicht nur das: Weil Verkehrswege Lebensräume zerschneiden, führte dies zu einer Verinselung und immer kleineren Lebensräumen für die Tiere. Die Populationen gingen stark zurück, und einige Tierarten – wie Luchs, Wildkatze und Fischotter – sind sogar vom Aussterben bedroht.

Für den Neubau von Verkehrswegen wurden inzwischen gesetzliche Grundlagen geschaffen, um diese fatale Entwicklung einzuschränken. Mit Trassenverlegungen, Grünbrücken, Tunnelbauwerken und Wegeunterführungen in ausreichender Breite konnte schon vieles verbessert werden.

Im vorhandenen Verkehrsnetz bzw. wenn Ausbaumaßnahmen anstehen, muss aber noch viel dafür getan werden, Lebensraumkorridore zu erhalten oder wiederherzustellen. Noch gibt es dafür keinen gesetzlichen Auftrag und kein verbindliches Programm.

Die Dr. Schmidt-Stiftung wollte mit der Arbeitstagung zum einen breit über den Stand der Dinge informieren. Welche Maßnahmen werden bereits durchgeführt? Welche Lösungsmöglichkeiten sind sinnvoll? Wie kann man Konflikte zwischen Straßenbau und Naturschutz eindämmen? Wie gehen unsere Nachbarn im Ausland an diese Thematik heran?

Zum anderen kam es der Stiftung aber auch sehr darauf an, Wege aufzeigen, wie eine Allianz für ein gemeinsames Vorgehen geschaffen werden könnte.

Die hochinteressanten Fachbeiträge und die Lösungsmöglichkeiten, die die Arbeitsgruppen erarbeitet haben, geben wir in diesem Buch wieder.

Wir hoffen, wir können mit diesem Buch wertvolle Hinweise für eine gemeinsame Arbeit geben. Die Dr. Joachim und Hanna Schmidt Stiftung für Umwelt und Verkehr wird auch weiterhin Forschungsarbeiten zur Schaffung von Lebensraumkorridoren unterstützen.

Wie danken ganz herzlich Marita Böttcher, Leipzig, Dr. Udo Tegethof, Bergisch-Gladbach, sowie Heiner Haßmann, Hannover, die uns intensiv dabei geholfen haben, diese Arbeitstagung vorzubereiten.

Kapitel 1:

Lebensraumkorridore – Bedeutung und Grundlagen

Vorfahrt für die Schaffung neuer Lebensraumkorridore

Mathias Herrmann

Viele Tierarten haben einen außerordentlich großen Raumbedarf. Artenschutz bedeutet daher vor allem auch, diese notwendigen Lebensräume zu gewährleisten. Die Zahl und Größe der unzerschnittenen Räume ist jedoch in Deutschland so stark rückläufig, dass etliche Populationen ernsthaft gefährdet sind. Der Naturschutz braucht daher eine klare Vision, alle Bewegungsachsen für Wildtiere wieder durchlässig zu machen. Dafür müssen sowohl die Verkehrswege im bestehenden Netz als auch die raumordnerischen Planungen auf den Prüfstand. Der Naturschutzbund Deutschland (NABU) hat mit seinem «Bundeswildwegeplan» einen Gegenentwurf zum Bundesverkehrswegeplan und ein ganzheitliches Konzept vorgelegt, das zum Ziel hat, die Landschaft großräumig durchlässig zu halten.

Naturschutzarbeit beschränkt sich heute nicht mehr auf die Pflege einiger lieb gewordener und schützenswerter Flächen. Sie ist längst zu einer Querschnittsaufgabe geworden, die viele politische und gesellschaftliche Bereiche durchzieht. Der Stellenwert von Aufgaben wie der Erhaltung der Biodiversität (wie der aufgeklärte Naturwissenschaftler sagt) bzw. der Bewahrung der Schöpfung (wie es in einem christlichen Wertgebäude bezeichnet wird) ist außerordentlich hoch. In Diskussionen werden häufig materielle bzw. anthropozentrische Gründe für den Schutz der Natur angeführt wie zum Beispiel der unwiederbringliche Verlust von Pflanzen, die möglicherweise wichtige Arzneipflanzen sind. Meines Erachtens stehen aber ursächlich ethische Gründe im Vordergrund, und ein Überlebensrecht der Arten wird allgemein akzeptiert. Im Gegensatz zu dieser hohen Wertschätzung, die Natur und Artenvielfalt genießen, sind aber die Mittel, die zum Erhalt der natürlichen Vielfalt aufgewendet werden, gering. Die Umsetzung von Maßnahmen stößt längst nicht auf so breite Akzeptanz, wie es aufgrund der Bedeutung, die dieser Aufgabe beigemessen wird, zu vermuten wäre. Ein Grund für die fehlende Bereitschaft, Maßnahmen umzusetzen, liegt darin, dass die komplexen Zusammenhänge zwischen Artenvielfalt und Lebensraumparametern unbekannt sind. In diesem Beitrag will ich versuchen aufzuzeigen, wie Lebensraumzerschneidung auf das Überleben der Arten wirken kann und welche Maßnahmen erforderlich sind, um die bestehenden Probleme zu mindern.

Vor vierzig Jahren wiesen Robert H. MacArthur und Edward O. Wilson in ihrem Buch «Biogeografie der Inseln» auf einen spannenden, und wenn man genauer darüber nachdenkt, auch gar nicht trivialen Zusammenhang hin. Sie untersuchten unterschiedlich große Inseln im Meer und ihre Artenzahl. Sie stellten fest, dass auf größeren Inseln mehr Tierarten vorkommen als auf kleineren Inseln. Und dies lag nicht nur daran, dass auf den kleineren Inseln nicht genug Nahrung oder Unterschlüpfe für ein paar Tiere der jeweiligen Arten vorhanden wären. Vielmehr fehlten Arten immer, wenn sie nicht Populationsgrößen erreichen konnten, die wenigstens einige Dutzend oder Hundert Tiere umfassten. Auch der mathematische Zusammenhang zwischen Inselgröße und Artenzahl war ein äußerst spannender. Eine Verdoppelung der Artenzahl erfolgt erst bei einer Verzehnfachung der Fläche (Abb. 1).

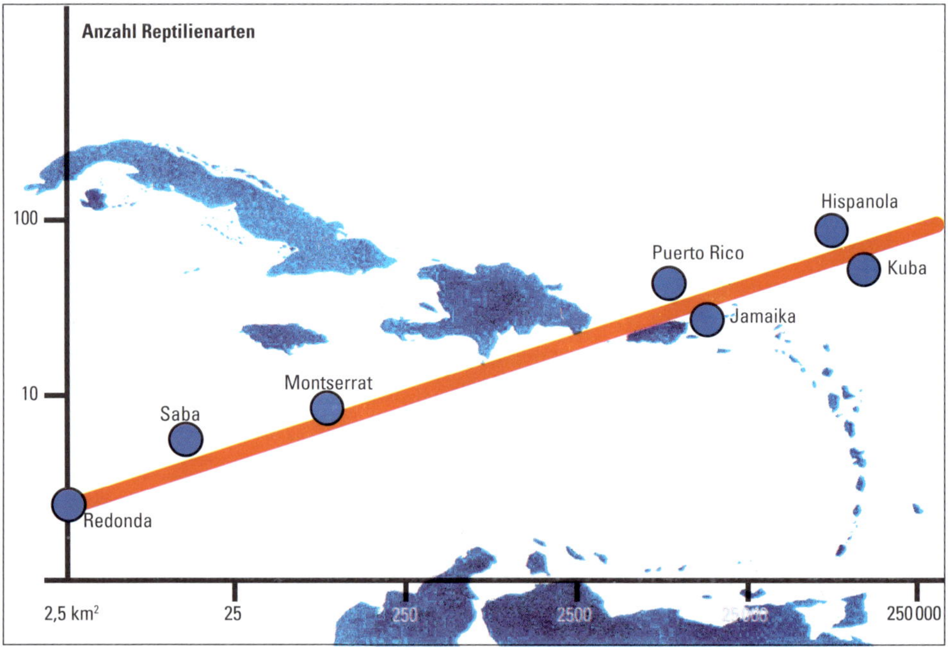

Abbildung 1: Je größer eine Insel ist, desto mehr Arten können auf ihr leben

Dies bedeutet, je größer zusammenhängende Lebensräume sind, desto stärker kann sich eine artenreiche Natur entwickeln. In zahlreichen Studien wurde dieser erstmals in der «Biogeografie der Inseln» vorgestellte Zusammenhang inzwischen bewiesen. Es wurde auch gezeigt, dass der Zusammenhang nicht nur auf Inseln im Meer zutrifft, sondern gleichermaßen auf voneinander isolierte Lebensraumtypen auf dem Festland (Brown 1971). In den letzten Jahrzehnten beschäftigte sich die Inselökologie verstärkt mit Lebensräumen, die durch das Wirken des Menschen in immer kleinere Kompartimente zergliedert wurden. So zeigten sich die gleichen Zusammenhänge in den immer kleiner werdenden Relikten des tropischen Regenwaldes ebenso wie in Schutzgebieten, die immer stärker voneinander durch die Kulturlandschaft isoliert werden. Newmark (1987) konnte für nordamerikanische Nationalparks sogar zeigen, dass der Umkehrschluss aus dem Werk von MacArthur & Wilson (1967) zutrifft. Je kleiner ein Nationalpark ist, desto größer ist die Gefahr, dass auch im Nationalpark noch Arten aussterben. Kleine, isolierte Inselvorkommen sind gefährdet, weil

- bei Populationen, die nur wenige Tiere (<10) umfassen, in einer Generation z.B. nur Männchen sein können,
- bei Populationen, die weniger als zirka 50 Tiere umfassen, die Gefahr von Inzuchtschäden besonders groß ist,
- bei Populationen mit weniger als zirka 500 Tieren die Gefahr des Verlustes wichtiger genetischer Information (z.B. Resistenzen gegen selten auftretende Seuchen, Franklin 1980) z.B. durch genetische Drift besonders groß ist.

Inseln auch in der Kulturlandschaft?

Die Zahl und Größe unzerschnittener Räume in Deutschland nimmt immer weiter ab. 2003 gab es in Deutschland noch 420 unzerschnittene, verkehrsarme Räume von über 100 Quadratkilometern. Dies sind 13 Prozent weniger als nur fünf Jahre zuvor (BfN 2004). Täglich werden in Deutschland 131 Hektar neu versiegelt (Rat für nachhaltige Entwicklung 2003). Die Konzentration der Menschen in wenigen Agglomerationen bedingt zwar auf der einen Seite, dass die Räume zwischen den Siedlungszentren dünner besiedelt werden, andererseits entstehen beispielsweise entlang des Rheins lang gestreckte, ununterbrochene Siedlungsbänder. Verkehrswege wie Straßen, Schienen und Kanäle zerschneiden die Flächen zwischen den Agglomerationen (Abb. 2).

Besonders kritisch ist diese Situation für Tierarten, deren Verbreitung in Deutschland nicht flächendeckend, sondern auf Populationsinseln beschränkt ist und für Arten, die zu Fuß von einem Lebensraum in den nächsten gelangen müssen. Unter diesen Arten eignen sich gerade die größeren Arten mit riesigen Raumansprüchen, die Problematik öffentlichkeitswirksam darzustellen. Wildkatzen, Luchse, Rothirsche, Otter oder gar Wölfe haben heute keine Chance mehr, ungefährdet von einem Biotop in das nächste zu gelangen. Wenn ihnen nicht ohnehin Zäune, Mauern, Leitwände oder Kanäle den Weg versperren, so ist das Risiko, bei der Querung eines Verkehrsweges getötet zu werden, hoch. Für einige Tierarten ist der Verkehrstod heute bereits die häufigste Todesursache (Abb. 3).

Abbildung 2: Isolierte Biotope können auf Tiere wie Inseln in einem Meer unwirtlicher «Kulturlandschaft» wirken. Quelle: Fred Kurt (1983): Die Gen Falle. Natur 11/83

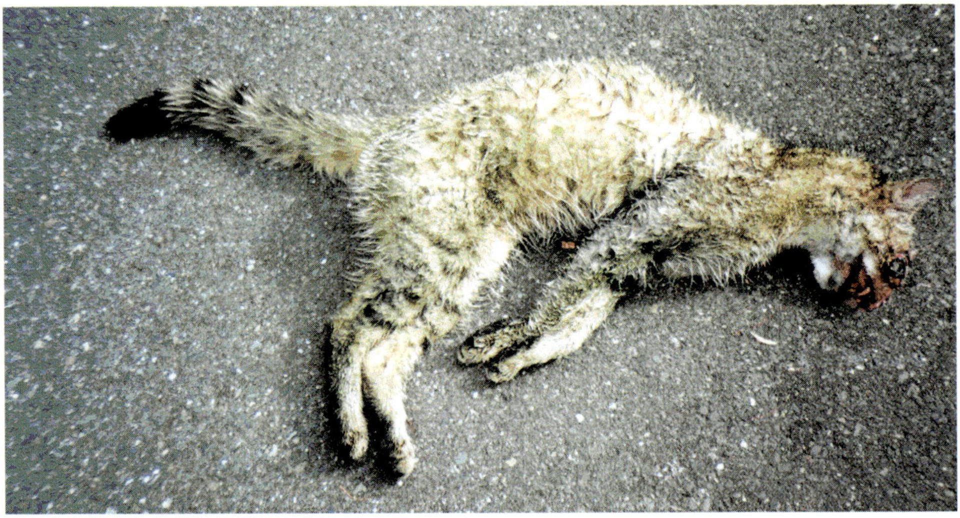

Abbildung 3: Eine überfahrene Wildkatze aus Rheinland-Pfalz.

Kleine flugunfähige wirbellose Arten, wie zum Beispiel die Westliche Steppensattelschrecke *(Ephippiger ephippiger)*, haben ähnliche Probleme, von einem Lebensraumtrittstein zum nächsten zu kommen. Teilweise ist die Empfindlichkeit gegenüber Zerschneidung aufgrund der spezifischen Ansprüche an besondere Habitatbedingungen und der geringen Fortbewegungsgeschwindigkeit noch größer als bei den spektakulären Großsäugern. Aber mit diesen Arten ist es schwieriger, die öffentliche Meinung zu mobilisieren oder die erforderlichen erheblichen Investitionen in die Wege zu leiten. Ähnliche Probleme sind für wasserlebende Organismen aufgrund der zahlreichen Verbauungen durch Wehre bekannt. Für die großen Flusssysteme liegen bereits Konzepte vor, und vordringliche Projekte befinden sich in Umsetzung (IKSR 1999).

Wirkung der Fragmentierung der Lebensräume durch Verkehrswege:

- Zerschneidung der Streifgebiete einzelner Tiere
- Mortalität an Verkehrswegen
- Behinderung von saisonalen Wanderungen und der Abwanderung von Jungtieren
- Isolation von Populationen, dadurch verminderter genetischer Austausch oder Inzucht

Resultat: Einschränkung der Überlebensfähigkeit der Population

Verschärft wird die Problematik der Isolation der Lebensräume durch die mit der globalen Erwärmung einhergehenden Klimaveränderungen. Für die Jahre 1990 bis 2100 ist ein Klimawandel von 1,4 bis 5,8 °C im weltweiten Durchschnitt prognostiziert. Für Mitteleuropa wird eine Erwärmung um 3,9 bis 5,5 °C erwartet (SWECLIM IPPC-Scenario A2 «business-as-usual»). Ein Grad Temperaturerhöhung bedeutet, dass im Schnitt ein Klima herrscht wie 400 bis 500 km weiter südlich. An bestimmte Klimate gebundene mitteleuropäische Tierarten müssten demzufolge (je nach Szenario) ihr Areal jedes Jahr zwischen 5 und 21 (Mittel 17) Kilometer nach Norden verschieben. Dem gegenüber steht eine bei der Europäischen Wildkatze in Deutschland beobachtete Ausbreitungsgeschwindigkeit von ein bis zwei Kilometern pro Jahr (Zeitraum 1940 bis 2000). Es gibt mehrere mögliche Gründe, warum die Wildkatzenpopulation eine derart geringe Ausbreitungsgeschwindigkeit zeigt, obwohl eine Wildkatze ohne Schwierigkeiten fünf Kilometer in der Stunde zurücklegen kann. Ein Grund kann darin liegen, dass keine überzähligen Jungtiere groß werden, die neue Lebensräume besiedeln. Die Ausbreitung könnte aber auch durch eine hohe Mortalität (z.B. an Straßen) oder durch kaum überwindbare Barrieren behindert werden.

Wie viel Raum benötigen große Säuger?

Wie groß der Raumbedarf mancher Säugetierarten für ihre kleinsten sozialen Einheiten bzw. für eine kleine Population ist, wird in Abbildung 4 dargestellt. Der Schwellenwert von 100 Quadratkilometern für die «großen unzerschnittenen verkehrsarmen Räume in Deutschland» liegt in einer Größenordnung, die gerade einmal für eine kleine Baummarderpopulation genügt, die nicht unmittelbar durch Inzucht gefährdet ist.

Tierart	Streifgebietsgröße	Räumliche Organisation	Dichte Ind./km²	Raumbedarf für 50 Tiere	Wander-entfernung
Wolf	Rudel: 100–1000 km²	Territoriale Rudel	0,003	17000 km²	100–1000 km
Luchs	♀ 200–300 km² ♂ 100–250 km²	Territorial gegen Gleichgeschlechtliche	0,01	5000 km²	50–300 km
Otter	5–40 km Uferlänge	Bedingt territorial gegen Gleichgeschlechtliche	1 pro 20 km Uferlänge	600 km²	> 50 km
Wildkatze	♀ 5–30 km² ♂ 2,5 – 10 km²	Bedingt territorial gegen Gleichgeschlechtliche	0,3	150 km²	2–30 km
Baummarder	♀ 2–20 km² ♂ 1,5–10 km²	Territorial gegen Gleichgeschlechtliche	0,5	100 km²	5–100 km
Dachs	Clan: 0,5 – 5 km²	Territoriale Familiengruppen	2	25 km²	1–10 km
Rothirsch	1–10 km²	Soziale Rudel, saisonale Wanderungen	5	10 km²	1–50 km

Abbildung 4: Exemplarische Darstellung des Raumanspruchs ausgewählter Säugetierarten

Eine Baummarderpopulation, die langfristig nichts von ihrer genetischen Vielfalt einbüßen soll, muss dagegen mehrere hundert Tiere umfassen. Diese Tiere müssen in einem genetischen Austausch stehen. Für den Austausch genügt, dass abwandernde Jungtiere für eine Durchmischung der Population sorgen. Gerade diese wandernden Jungtiere sind aber durch den Verkehrstod (Andrén et al. 2006) und kaum überwindliche Barrieren besonders betroffen. Im Schweizer Jura konnten drei abwandernde Jungluchse beobachtet werden, die an einer Autobahn umkehrten, nachdem sie sich teilweise mehrere Tage in deren Nähe aufgehalten hatten (Zimmermann 2004).

Effekte der genetischen Isolation zeigen sich häufig erst Generationen später, so dass wir davon ausgehen müssen, dass wir heute eine Situation haben, die mit der Zerschneidung der Landschaft vor 50 oder 100 Jahren korrespondiert.

Sind selbst die größten deutschen Waldgebiete zu klein?

Die europäische Wildkatze ist eine der seltensten Säugetierarten Deutschlands. Die Populationen in Mitteleuropa sind weltweit die einzigen, bei denen faktisch keine Vermischung mit Hauskatzen stattgefunden hat. Um 1900 waren die Wildkatzen aufgrund der Verfolgung durch den Menschen fast ausgerottet. Bis heute konnte die Art nur zehn Prozent ihres ursprünglichen Verbreitungsgebietes zurückerobern. Sie ist nach wie vor inselartig verbreitet (s. Klar, Abb. 2 in diesem Buch). Die Schwerpunkte liegen im Harz und in Südwestdeutschland. Aber selbst das größte zusammenhängende Waldgebiet Deutschlands, der Pfälzerwald (1500 km^2), beherbergt mit zirka 500 Tieren gerade einmal eine Zahl, die als Schwellenwert zum Erhalt der genetischen Vielfalt gilt. Am Beispiel der Bundesstraße 10, die durch dieses UNESCO-Biosphärenreservat führt, lässt sich die Problematik der zunehmenden Zerschneidung gut verdeutlichen.

Die B10 hat sich in den letzten 25 Jahren zu einer Hauptverkehrsader entwickelt und weist heute ein Verkehrsaufkommen zwischen 13 000 und 23 000 Kraftfahrzeugen am Tag auf. Sie wird derzeit vierspurig ausgebaut. Aufgrund des relativ geringen nächtlichen Verkehrs bestand in der Vergangenheit für die Hirsche, Wildkatzen und Luchse, die hier leben, noch eine realistische Chance, diese Verkehrsader lebend zu überwinden. Der vierspurige Ausbau wird die psychologische Hemmschwelle, dieses breite Bitumenband zu betreten, erhöhen. Gerade der nächtliche Fernverkehr wird zunehmen, und das Risiko des Verkehrstodes wird weiter ansteigen. Schutzplanken erhöhen die Barrierewirkung der Straße enorm. Verkehrsschutzzäune, die abschnittsweise errichtet wurden, sind für einige Arten unüberwindbar. Doch nicht nur die Straße behindert und gefährdet die Wildtiere. Die Bahnlinie, die teilweise parallel mit der Straße verläuft, ist zwar mit ihrem geringen Regionalverkehr kaum ein Hindernis; zusammen mit den anderen Faktoren ist sie gleichwohl relevant. Der Ausbau der B10 zur autobahnähnlichen vierspurigen Strecke macht es erforderlich, für den Langsamverkehr eine parallele, neue Straße zu bauen. Stellenweise wird der Langsamverkehr auf der anderen Seite der schmalen Täler des Mittelgebirges geführt werden. Hierdurch wird sich die Störwirkung erheblich steigern. Nicht zuletzt muss auch der Erschließungseffekt einer solchen Verkehrsader berücksichtigt werden. Von den 35 Kilometern, auf denen die Straße durch das Waldgebiet führt, waren die Strecken in Ortslagen (13,2 km) schon lange undurchlässig, weil Hirsche, Luchse oder Wildkatzen Siedlungen meiden. In den letzten 25 Jahren kamen auf weiteren 6,1 Kilometern der Strecke neue Gewerbe- und Baugebiete hinzu, so dass heute auf lediglich 15,7 Kilometer der Strecke die Barriere «nur» aus Verkehrswegen besteht (Abbildung 5).

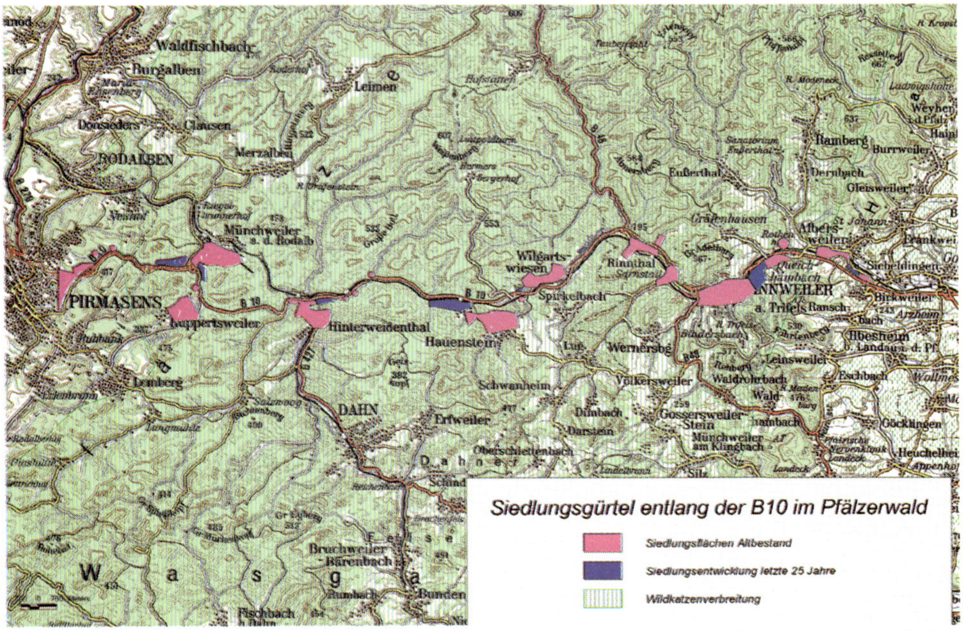

Abbildung 5: Zunahme der Siedlungs- und Gewerbeflächen entlang der B10 im Pfälzerwald (Basiskarte: Topografische Übersichtskarte 1:200 000 Deutschlands)

Für den Luchs, der seit Anfang der 90er Jahre in den Pfälzerwald zurückgekehrt ist, bedeutet dies, dass nur noch Lebensrauminseln vorhanden sind, die deutlich weniger als 50 Tiere beherbergen können (Abb. 6; Klar et al., im Druck). Die Erhaltung einer überlebensfähigen Population ist damit in Frage gestellt. Für Arten mit sehr großen Raumansprüchen wie Wolf, Bär und Luchs sind selbst über Tausende von Quadratkilometern vernetzte Lebensräume nicht ausreichend, um minimale überlebensfähige Populationen aufzubauen. Noch weiträumiger agieren diese Arten, wenn es um Wanderungen geht. Wanderungen von über 1000 Kilometern sind für Wölfe belegt (Raimer & Ford 2005). Auch Bären und Luchse können sich insbesondere bei der Jugendwanderung mehrere hundert Kilometer von ihrem Ausgangsort entfernen. Für viele überraschend ist, dass sich auch in Mitteleuropa noch geeignete Lebensräume für Luchse oder Wölfe finden. Die derzeitige Verbreitung von Luchs und Wolf in Deutschland gibt Abbildung 6 wieder. Die isolierten Vorkommen dieser Arten sind jedoch viel zu klein, um langfristig überlebensfähige Populationen bilden zu können. Sie müssen miteinander vernetzt werden. Mit Hilfe von Modellen haben Reuther & Krekemeyer (2004), Kramer et al. (2004) und Strein et al. (2005) ermittelt, wo in Deutschland derzeit Otter, Luchse und andere Wildtiere wandern würden, wenn ihnen Barrieren den Weg nicht versperren würden. Aus diesen modellhaften Ansätzen haben Reck et al. (2005) eine bundesweite

Karte entwickelt, in der die bundesweit bedeutsamen Lebensraumkorridore wiedergegeben sind. Damit legten sie erstmals eine Skizze vor, die als Orientierung dienen kann, wo Handlungsbedarf hinsichtlich der großräumigen Vernetzung von Lebensräumen und großen Schutzgebieten besteht. Diese Korridore sind mit raumplanerischen Mitteln bzw. im Rahmen der Eingriffsplanung so zu sichern, dass sie für Tierarten durchlässig sind.

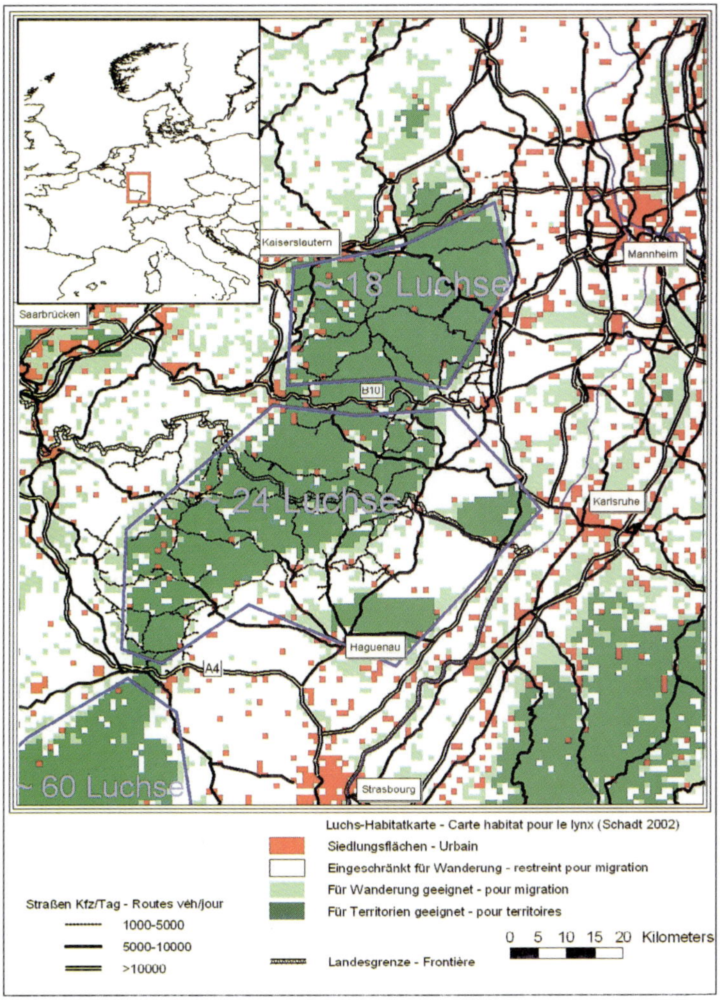

Abbildung 6: Maximale Zahl von Luchsen, die in den isolierten Teilflächen des Pfälzerwaldes leben könnten

Positionen der Naturschutzverbände, Lösungsansätze im Straßenbau

Der Deutsche Jagdschutz Verband (DJV), in dessen Regie dieses Konzept der Lebensraumkorridore erstellt wurde, hat bereits 2002 gemeinsam mit dem NABU und dem WWF Deutschland ein Positionspapier «Biotopverbund durch Wildtierkorridore» entwickelt, in dem diese großen Verbände gemeinsam auf die Probleme der Zerschneidung der Lebensräume hinweisen und Lösungen einfordern. Der DJV setzt diese Arbeit in seinem Projekt «Überwindung von Barrieren» fort. In diesem Projekt wird untersucht, unter welchen Umständen Tiere eine Barriere überwinden können und unter welchen nicht. Darüber hinaus ist das Ziel, die Verbände fit zu machen, so dass sie besser das Anliegen der Lebensraumverknüpfung vertreten können.

Derzeit gibt es auch seitens der Straßenbauverwaltungen der Länder und des Bundes erste Konzepte, mit Hilfe von Querungsmöglichkeiten wie Grünbrücken die schlimmsten Auswirkungen von Verkehrswegen auf Wildtiere zu mindern (FGSV 2006). Ein Forschungsprojekt des Bundesverkehrsministeriums (Pfister et al. 1998, Georgii et al. 2006) an fünf bereits in den 90er Jahren errichteten Grünbrücken an einem zehn Kilometer langen Straßenabschnitt in Baden-Württemberg zeigte, dass nicht nur Rehe, Wildschweine, Dachse und andere Wildtiere, sondern auch Wirbellose über Grünbrücken die Straße queren. Über 30 weitere Grünbrücken wurden in den letzten Jahren in Deutschland geplant und errichtet.

Der NABU- Bundeswildwegeplan

Es fehlt jedoch ein ganzheitliches Konzept, das die großräumige Durchlässigkeit der Landschaft im Auge behält. Dieses Konzept legt der Naturschutzbund Deutschland (NABU) mit seinem «Bundeswildwegeplan» (NABU 2006, Abb. 8) vor. Dieser Plan soll einen thematischen Gegenentwurf zum Bundesverkehrswegeplan darstellen und ebenso wie dieser in regelmäßigem Turnus fortgeschrieben werden. Im NABU-Bundeswildwegeplan, der die nationale Ebene beleuchtet, wird aus den Ansprüchen ausgewählter Leitarten der vordringliche Vernetzungsbedarf abgeleitet. Um regionale und lokale Wanderbeziehungen zu erhalten und wiederherzustellen, sind Konzepte auf den anderen Maßstabsebenen unumgänglich. Vordringliche Entschneidungspunkte werden benannt. Ziel ist es nicht nur, die fortschreitende Zerstückelung der Landschaft aufzuhalten, sondern schon zerschnittene Landschaftsräume wieder so weit zu verknüpfen, dass zumindest die arteigenen Wan-

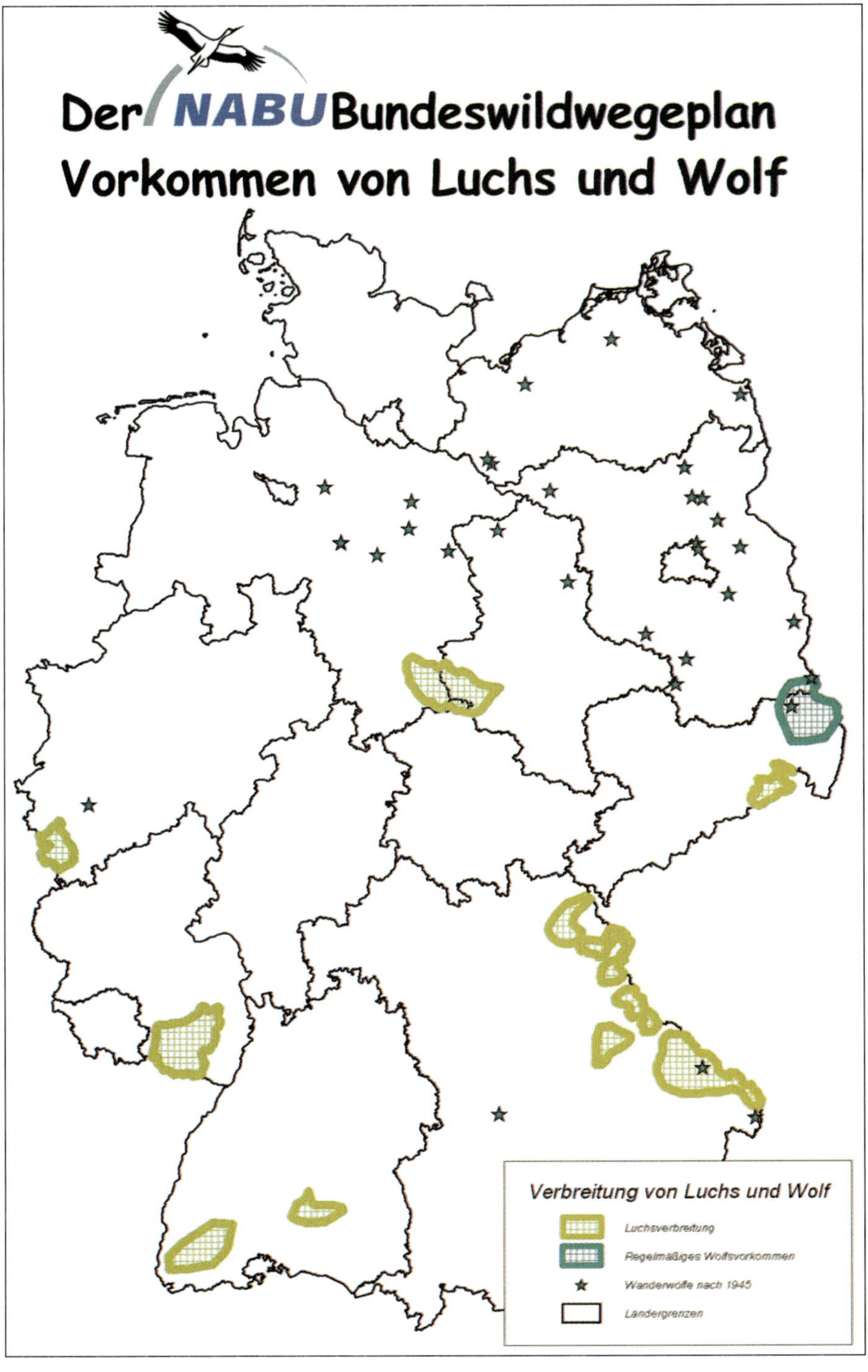

Abbildung 7: Der NABU Bundeswildwegeplan – Vorkommen von Luchs und Wolf

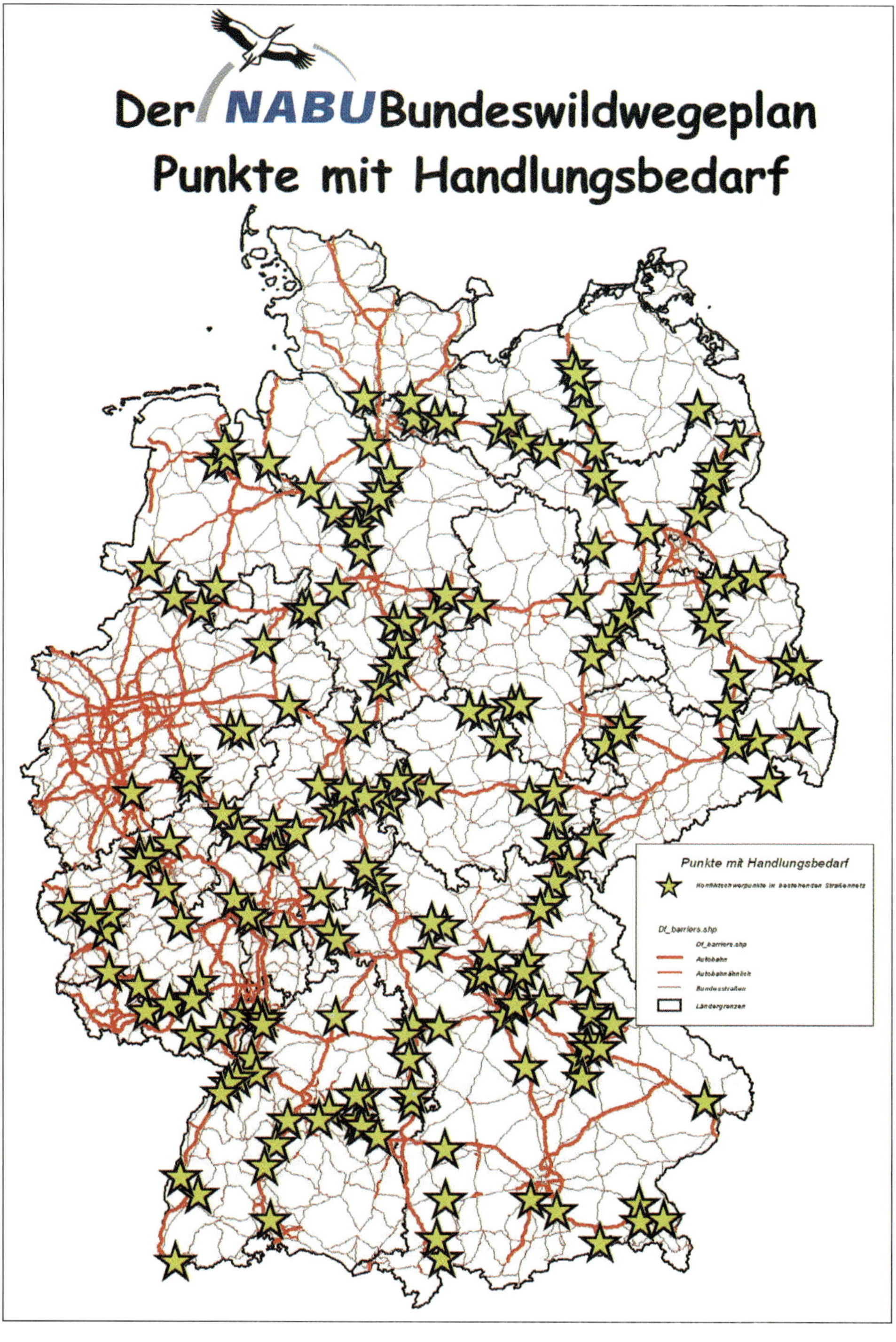

Abbildung 8: Der NABU Bundeswildwegeplan – Punkte mit Handlungsbedarf

derbewegungen von Tieren wieder möglich sind. Dazu ist es nicht erforderlich, ein Naturschutzgebiet auszuweisen, sondern es genügt, in der Landschaft geeignete Trittsteine für die Arten anzubieten und Möglichkeiten zu schaffen, über die Tiere die Verkehrswege und Siedlungsbänder ungefährdet queren können. Dies erfordert nicht nur, Querungshilfen an neuen Verkehrswegen zu errichten, sondern auch schon zerschnittene Korridore wieder durchgängig zu machen. Höchste Priorität ist hierfür an Stellen gegeben, an denen europa- bzw. bundesweit bedeutsame Korridore verlaufen und an denen die Funktion als Wanderkorridor schon mit wenigen Maßnahmen wiederhergestellt werden kann. Es zeigt sich, dass der größte Handlungsbedarf gerade im Flachland oder in Tälern besteht, wo große Verkehrswege nicht von Natur aus in Tunneln oder über Talbrücken verlaufen. Der NABU-Bundeswildwegeplan ist kein kurzfristig angelegtes Konzept. Zeiträume von 20 oder auch 50 Jahren werden notwendig sein, um die schlimmsten Sünden der Vergangenheit zu beseitigen und mit der Wiedergutmachung an der Natur zu beginnen.

Um Fortschritte zu erzielen, müssen auch die administrativen Zuständigkeiten neu geordnet werden. So hat zwar die Straßenbauverwaltung den gesetzlichen Auftrag des Neubaus und der Unterhaltung des bestehenden Straßennetzes. Sie ist auch gesetzlich gehalten, die neu entstehenden Zerschneidungswirkungen so weit als möglich zu mindern. Der Straßenbauverwaltung fehlt jedoch der politische oder gesetzliche Auftrag zur Beseitigung der bereits bestehenden Zerschneidungen, also der Altlasten. Die Naturschutzverwaltung hat ihren Aufgabenschwerpunkt bei der Bewahrung von schützenswerten Landschaftsteilen. Sie verfügt weder über die erforderlichen Mittel zur Kompensation der Eingriffe noch über das notwendige technische Know-how. Der NABU fordert deshalb von der Politik, die Zuständigkeiten zu klären und einen eindeutigen Planungsauftrag zur Lösung der anstehenden Probleme zu geben. Schließlich muss das gesamte Verkehrsnetz und die übergeordnete Raumplanung einer kritischen Überprüfung unterzogen werden. Aspekte wie Landschaftszerschneidung oder Netzoptimierung müssen unter ökologischen und verkehrstechnischen Gesichtspunkten berücksichtigt werden. Die Lebensraumachsen von europaweiter, bundesweiter, landesweiter und regionaler Bedeutung müssen in der Raumordnung benannt werden. Ihre Funktion muss raumplanerisch gesichert werden.

Fazit

Um die Biodiversität für nachfolgende Generationen zu erhalten, müssen die anstehenden Aufgaben erkannt und die Naturschutzerfordernisse umgesetzt werden. Hierzu bedarf es einer klaren Vision. Teil dieser Vision ist die Wiedereröffnung aller wichtigen durchschnittenen Bewegungsachsen von Wildtieren. Unumgänglich ist eine Netzüberprüfung bei Verkehrswegen im Rahmen zukunftsfähiger Mobilitätskonzepte. Auch die raumordnerischen Festlegungen müssen unter dem Blickwinkel der Wildtierkorridore noch einmal auf den Prüfstand. Querungshilfen bei neuen Projekten alleine genügen nicht. In sensiblen Bereichen ist es erforderlich an bestehenden Verkehrswegen Grünbrücken, Tunnel und Wilddurchlässe nachzurüsten. Siedlungsgürtel müssen mit raumplanerischen Mitteln durchlässiger gemacht werden. Nur so kann die Durchlässigkeit der Landschaft in Deutschland erhalten bzw. wiederhergestellt werden, so dass die großen Wildtiere wie Wildkatze, Luchs oder Rothirsch ihren artspezifischen Wanderungen nachgehen können und Populationen dieser Arten nicht durch Zerschneidung gefährdet sind.

Literatur

Andrén, H., Linnell, J. D. C., Liberg, O., Andersen, R., Danell, A., Karlsson, J., Odden, J., Moa, P. F., Ahlqvist, P. & Kvam, T. U. (2006): Survival rates and causes of mortality in Eurasian lynx (Lynx lynx) in multi-use landscapes. Biol. Conser. 131 (1): 23–32.

BfN (Bundesamt für Naturschutz 2004): Daten zur Natur 1999, 2002, 2004, Bonn -Bad Godesberg.

Brown, J. H. 1971: Mammals on mountaintops: noneuilibrium insular biogeography (945). The American Naturalist, 105 (945): 467–478.

FGSV (2006): Hinweise zur Anlage von Querungshilfen für Tiere an Straßen.

Franklin, I. A. (1980): Evolutionary change in small populations. In Conservation biology: an evolutionary-ecological perspective, edited by M. E. Soule and B. A. Wilcox. Sunderland, Mass., Sinaeur Associates: 135–149.

Gawlak, C. (2001): Unzerschnittene verkehrsarme Räume, NuL (76. Jg.) 11/2001, S. 481f.

Georgii, B.; Henneberg, M. & Herrmann , M. (2006): Bio-ökologische Wirksamkeit von Grünbrücken über Verkehrswege. Forschung Straßenbau und Straßenverkehrstechnik (im Druck).

IKSR (Internationale Kommission zum Schutz des Rheins) 1999: 2. Internationales Rhein-Symposium «Lachs 2000») – Tagungsband. CIPR – IKSR Koblenz.

Klar, N., Herrmann, M. & Kramer-Schadt, S. (im Druck). Effects of roads on a founder population of lynx in the biosphere reserve «Pfälzerwald – Vosges du Nord» – a model as planning tool. Naturschutz und Landschaftsplanung.

Kramer-Schadt, S., Revilla, E., Wiegand, T. & Breitenmoser, U. (2004). Fragmented landscapes, road mortality and patch connectivity: modelling influences on the dispersal of Eurasian lynx. J. Appl. Ecol. 41: 711–723.

MacArthur, R. H. & Wilson, E. O. (1967): The theory of island biogeography. Princton University press.

NABU (2006): Der NABU Bundeswildwegeplan (im Druck).

Newmark, W. D. (1987): A land-bridge perspective on mammalian extinctions in western North American parks. Nature 325: 430–432.

Pfister, H., Keller, V., Reck, H., Georgii, B. (1998): Bio-ökologische Wirksamkeit von Grünbrücken über Verkehrswege. Forschung Straßenbau und Straßenverkehrstechnik, H. 756, hrsg. vom Bundesministerium für Verkehr, Bonn.

Raimer, F. & Ford, T. (2005): Yellowstone to Yukon (Y2Y) – einer der größten internationalen Wildtierkorridore. GAIA 14 (2): 182–185.

Rat für nachhaltige Entwicklung der Bundesrepublik Deutschland (2003): Dialogpapier 2003. ‹*www.nachhaltigkeitsrat.de*›.

Reck, H., Hänel, K., Böttcher, M. & Winter, A. (2005): Lebensraumkorridore für Mensch und Natur. Abschlussbericht eines bundesweit kohärenten Grobkonzeptes (Initiativskizze). In: BfN (Hrsg.), Lebensraumkorridore für Mensch und Natur. Naturschutz und Biologische Vielfalt: 17: 255–262.

Reuther, C. & Krekemeyer, A. (2004): Auf dem Weg zu einem Otter Habitat Netzwerk Europa (OHNE). Methodik und Ergebnisse einer Raumbewertung auf europäischer und deutscher Ebene. HABITAT Heft 15. 308 S. Hankensbüttel.

Strein, M., Müller, U. & Suchant, R. (2005): Artunspezifische Modellierung einer Korridor-Potenzial-Karte für Mitteleuropa – Methodik und erste Ergebnisse einer landschaftsökologischen GIS-Analyse. In: BfN (Hrsg.) Lebensraumkorridore für Mensch und Natur. Naturschutz und Biologische Vielfalt: 17: 255–262.

Zimmermann, F. (2004). Conservation of the Eurasian Lynx (Lynx lynx) in a fragmented landscape – habitat models, dispersal and potential distribution. PhD, Université de Lausanne.

Notwendiger Bestandteil eines nachhaltig geplanten Verkehrsnetzes:

Die Erhaltung und Wiederherstellung von Lebensraumkorridoren

Marita Böttcher, Heinrich Reck

Wild lebende Arten brauchen Lebensraumverbund. Die Verkehrsdichte in Deutschland ist extrem hoch und wird aller Voraussicht nach weiter zunehmen. Ohne Kompensation der damit verbundenen Zerschneidung werden deshalb fortlaufend Arten verschwinden. Um dem zu begegnen, sind ausreichend rechtliche Grundlagen vorhanden; bei der Planung von Straßenbauprojekten wird aber zu wenig und zu spät darauf geachtet, Zerschneidungen zu vermeiden oder zu beseitigen. Wirksame Vermeidung und Kompensation kann dann erfolgen, wenn das Wissen dazu, welche Maßnahmen am effektivsten sind, um ausreichende Funktionsräume (Lebens-, Wander-, und Ausbreitungsräume) für Populationen zu bewahren, verbessert wird. Vor allem aber sind gute, kohärente Planungsgrundlagen, aufgeschlossene Verkehrsplaner und die Unterstützung der Bevölkerung erforderlich.

Lebensraumverbund und biologische Vielfalt in Mitteleuropa – wichtige Grundlagen

Die Begründung für die Erhaltung und Wiederherstellung von Lebensraumverbund beruht im Wesentlichen auf

- den Raumansprüchen von Individuen (trivial range, migration range),
- den Raumansprüchen von Populationen (siehe auch Minimal Viable Population/MVP) sowie
- der Notwendigkeit, Anpassungen an (großräumige) Umweltveränderungen zu ermöglichen.

Den wissenschaftlichen Rahmen dazu bilden vier im Folgenden kurz vorgestellte Konzepte:

1. das Konzept der «kleinstmöglichen überlebensfähigen Population» (MVP, Schaffer 1991),
2. das Metapopulationskonzept (Levins 1969),
3. das Mosaik-Zyklus-Konzept bzw. patch dynamics concept (z. B. Remmert 1991) und
4. die Hypothese der mittleren Störungsintensität (intermediate disturbance hypothesis, Conell 1978) in Verbindung mit der Megaherbivoren-Theorie (weil Großsäuger in ihrer Funktion als Habitatbildner und als Vektoren für den Austausch von Arten und für die Gestaltung von Lebensräumen eine wichtige Rolle spielen können).

Das Konzept der Minimal Viable Population

Nur große Populationen überdauern mit hinreichender Wahrscheinlichkeit längere Zeiträume. Mit der MVP wird die kleinste Population irgendeiner Art umschrieben, von der man annehmen kann, dass sie mit recht hoher Wahrscheinlichkeit die nächsten 100 (oder auch 1000) Jahre überleben wird. Eine MVP muss nicht aus einer einzelnen Population bestehen, sie kann sich auch aus mehreren interagierenden Populationen, einer Metapopulation, zusammensetzen. Eine $MVP_{99/100}$[1] von Insekten muss oft viele tausend Individuen, eine $MVP_{99/100}$ großer Säugetiere oft mehrere hundert Individuen umfassen (vgl. Reed et al. 2003). Kleine Populationen unterliegen dagegen einem sehr hohen Erlöschensrisiko.

Der Lebensraum einer Population darf also nicht erheblich zerschnitten werden, denn die jeweils verbliebene Fläche muss genügend Individuen tragen können.[2]

Das Metapopulationskonzept

Der Begriff Metapopulation beschreibt eine Gruppe von Teilpopulationen, zwischen denen ein Individuen- und Genaustausch besteht, deren jeweilige Populationsdynamik aber nicht absolut synchron verläuft. In diesem Verbund können einzelne Teilpopulationen erlöschen (lokales Erlöschen) und an gleicher oder anderer Stelle durch wandernde Individuen wieder oder neu gegründet werden (lokale Kolonisation).

---

1 Überlebensfähigkeit von 99 % für 100 Jahre.

2 Die Qualität des Habitats bestimmt direkt die benötigte Flächengröße einer MVP, weil die Individuendichte von der Habitatqualität abhängig ist, während die Stabilität bzw. Dynamik der Habitatqualität indirekt wiederum starken Einfluss auf die Größe der MVP hat.

Mit dem Metapopulationskonzept lassen sich in der Populationsbiologie raumzeitliche Vorgänge beschreiben, die sich zum einen auf einzelne Teilpopulationen beziehen, zum anderen auf die Interaktionen mehrerer Teilpopulationen untereinander. Auf diese Weise entsteht eine mosaikartige Darstellung der Populationsdynamik einer bestimmten Art, auf deren Basis das Überleben der Gesamtpopulation abgeschätzt werden kann.

Solange ein ausreichender Austausch von Individuen zwischen den Lebensräumen der Teilpopulationen besteht, muss der Lebensraum der MVP nicht als eine einzige, große und zusammenhängende Fläche ausgebildet sein.

Das Mosaik-Zyklus-Konzept

Das Mosaik-Zyklus-Konzept beruht auf Beobachtungen von Wald-Ökosystemen. Danach verändern sich (von zivilisatorischen Einflüssen ungestörte) Wald-Ökosysteme zyklisch. Das Konzept beschreibt den sukzessiven Wechsel unterschiedlicher Biotoptypen auf identischer Fläche, der dazu führt, dass nach einer bestimmten Phasensequenz näherungsweise wieder die «Ausgangssituation» erreicht wird, wobei auf benachbarten Flächen ähnliche Zyklen – phasenverschoben und asynchron – ablaufen (Scherzinger 1991). Die Vielfalt der gleichzeitig nebeneinander anzutreffenden Sukzessionsstadien wird als Mosaik bezeichnet. In einem Zyklus können manche Stadien schnell durchlaufen werden, und auch Rücksprünge auf vorhergehende Stadien innerhalb des Zyklus sind möglich. Ursachen hierfür liegen sowohl inner- als auch außerhalb des Systems (z.B. witterungsbedingte Katastrophen). Das langlebigste, vermeintlich «stabilste» Stadium im Sukzessionszyklus wird oft als Klimax- oder Reifestadium bezeichnet. Je nach Rahmenbedingungen kann das Klimaxstadium von verschiedenen Pflanzengemeinschaften und «Altersstufen» gebildet werden, wobei sich im langfristigen Sukzessionskreislauf verschiedene Klimaxstadien abwechseln können. Nicht alle (z.B. Seen), aber zahlreiche Ökosysteme zeichnen sich durch solchermaßen zyklische Sukzession aus.

Organismen, die auf eines oder wenige Sukzessionsstadien spezialisiert sind, müssen in der Lage sein, mit der Sukzessionsdynamik zu wandern. Ihre Vorkommen erlöschen, wenn die Abstände im Mosaik zu groß oder Barrieren zu stark werden.

Intermediate-disturbance-Hypothese

Die Hypothese der «intermediate disturbance» besagt im Kern, dass die Artenvielfalt eines Systems bei zunehmender Störungsintensität und/oder Störungsfrequenz zunächst bis zu einem Maximum ansteigt und dann, bei noch größerer bzw. zu hoher Störungsintensität, wieder abnimmt. Sie erklärt, warum in einem begrenzten System gleichzeitig viele verschiedene Arten existieren können. Durch (lebensraumtypische) Störungen werden Konkurrenzbedingungen so verändert, dass die autogene Sukzession teilweise unterbrochen und somit Konkurrenzausschluss verhindert wird.

Welche Umweltveränderungen als «positive Störung» gewertet werden, hängt davon ab, wie groß die betrachtete Zeitspanne und wie groß die betrachtete Fläche ist, und davon, ob die «Umweltveränderungen» in evolutiv relevanten Zeiträumen regelmäßig auf jeweilige Organismen gewirkt haben. Großherbivore sind bedeutende habitatbildende «Störer», von deren regelmäßigem und auch sporadischem Wirken viele «an diese Störungen angepasste» Arten abhängig sind.

Wichtig ist, dass in einem System ausreichend Konnektivität bzw. Raum sowohl für alle lebensraumtypischen Formen von Störungen (d.h. die Störungsformen an die Arten adaptiert sind) als auch ausreichend Refugien zur Wiederbesiedlung verbleiben.

Anmerkungen zur Megaherbivorentheorie

Speziell mit den Wirkungen Pflanzen fressender Großtiere befasst sich die (in Deutschland z.B. durch Bunzel-Drüke 1999 bekannt gemachte) Megaherbivorentheorie. Sie beschäftigt sich mit dem (potenziellen) Einfluss von frei wandernden großen Pflanzenfressern auf die lokale Vegetation und die Landschaftsstruktur. Im Zusammenhang mit der intermediate-disturbance-hypothesis liefert sie einen wichtigen Ansatzpunkt zur Betrachtung räumlicher und zeitlicher Funktionsbeziehungen. Abgeleitet aus dem Verhalten heute noch vorkommender, oft in Herden oder Familienverbänden lebender Arten, kann angenommen werden, dass aufgrund der komplexen tages- und jahreszeitlichen Raumnutzung eine hohe Habitatvielfalt und lokal sehr unterschiedliche «Störungsmuster», (d.h. eine hohe biogene Heterogenität) entstand. Vergleichbare Einflüsse auf die Gestaltung von Habitaten und Landschaftsstrukturen hatten historische, heute nicht gebräuchliche land- und forstwirtschaftliche Nutzungen.

Eine wichtige Voraussetzung für die Sicherung der biologischen Vielfalt ist demnach, dass Großtiere zwischen verschiedenen Lebensräumen wechseln und in ihnen wirken können. Hinzu kommt, dass Großtiere als Vektoren die Ausbreitung von Pflanzen und Kleintieren befördern und deren Metapopulationen stabilisieren können.

Alle Konzepte versuchen, die Entwicklung von Landschaftsstrukturen (bzw. von Habitatmosaiken) und das Vorkommen der in ihnen lebenden Arten aus unterschiedlichen Blickwinkeln zu erklären. Allen Theorien liegt die Erkenntnis zugrunde, dass lokal vorgefundene Zustände Momentaufnahmen eines sich ständig wandelnden Mosaiks verschiedener Lebensräume und Artengemeinschaften sind, die sich fortwährend gegenseitig beeinflussen und zudem durch äußere Faktoren wie das Makroklima mit gesteuert werden. Das Metapopulationskonzept beschreibt die Beziehungen zwischen Habitatflecken (patches) und deren Besiedlung durch Arten bzw. die Bedeutung des Austauschs von Individuen. In Verbindung mit dem MVP-Ansatz lassen sich Aussagen über die Überlebenswahrscheinlichkeit einer (Meta-)Population treffen.

Das Mosaik-Zyklus-Konzept rückt den Aspekt des Zusammenwirkens von Vegetationsformen und deren Alterung mit Untergrund und Klima in den Vordergrund, um Biotopmosaike zu erklären. Das Konzept der intermediate-disturbance-hypothesis liefert (im weitesten Sinn) ein Modell für die Entstehung dauerhafter Nischen- und Artenvielfalt, und das Megaherbivorenkonzept schließlich veranschaulicht die extrem vielfältigen Auswirkungen von großen Pflanzenfressern. Zusammen betrachtet, liefern alle Konzepte ein Bild darüber, mit welchen (räumlichen) Prozessen und davon abhängigen Variablen wir es in den von uns betrachteten Landschaftsausschnitten zu tun haben können. Für die Beurteilung von Eingriffen nach § 18 des Bundesnaturschutzgesetzes (BNatSchG) müssen die entscheidungserheblichen, wesentlichen Funktionsbeziehungen (z.B. Wanderungen einer Art innerhalb eines Gebietes), die diese Prozesse steuern und die von ihnen abhängigen Variablen (z.B. Vorkommen, Größe und Überlebenswahrscheinlichkeit der Population einer Art) in der konkreten Situation bestimmt und beschrieben werden.[3] Wichtig ist, solche Veränderungen dieser Funktionsbeziehungen zu erkennen, die zu erheblichen Beeinträchtigungen der Leistungs- und Funktionsfähigkeit des Naturhaushaltes und damit der biologischen Vielfalt führen. Die beschriebenen Konzepte bilden deshalb sowohl für die nachhaltige Sicherung der Funktionsfähigkeit von Vermeidungs- und Kompensationsmaßnahmen als auch für die Planung von Maßnahmen zur Wiederherstellung oder Sicherung von Lebensraumverbund (z.B. im Sinne des § 3 BNatSchG) einen wichtigen Orientierungsrahmen. D. h., bei der Planung jedweder Maßnahmen muss immer die verbundabhängige Entwicklungsdynamik berücksichtigt werden.

3 Wichtige Arbeitshilfen werden derzeit im Verbändevorhaben «Überwindung von Barrieren» erarbeitet und stehen ab 2007 zur Verfügung (DJV / BfN in Vorb.).

Wirkungen von Zerschneidung, Situation in Deutschland

In Anlehnung an die Definition von Baier (2005) wird unter Zerschneidung die Zunahme von linearen Elementen der technischen Infrastruktur verstanden, durch die eine Unterbrechung der Konnektivität von Habitaten hervorgerufen wird.

Als Fragmentierung wird dagegen umfassender der Prozess der Zergliederung von (naturnahen) Landschaften durch alle Arten hoch technisierter bzw. industrieller Raumnutzungsaktivitäten bezeichnet.

In diesem Abschnitt sollen vor allem die straßenbedingten Wirkungen von Zerschneidungen auf die Landschaftsstruktur und die Flächengröße von Habitaten sowie auf Populationen betrachtet werden. Dennoch darf nicht vergessen werden, dass weite Teile der Landschaft intensiv land- und forstwirtschaftlich genutzt werden.

Die Zerschneidung von Lebensräumen durch Bau und Betrieb von Straßen wird europaweit als eine der wesentlichen Ursachen für den Rückgang der biologischen Vielfalt betrachtet (Iuell et al., 2003). Wirkungen dieser Zerschneidungen sind:

- die Überbauung von Habitaten
- die Verkleinerung von Habitaten (auch durch Zunahme von ungünstigen Randeffekten; s.u.)
- die Isolation von Habitaten bzw. Populationen und damit einhergehend die Verminderung von deren Überlebensfähigkeit einschließlich der Verminderung der genetischen Vielfalt innerhalb von Populationen
- die Veränderung von Habitatqualitäten durch Störung und Emissionen (Lärm, Licht und stoffliche Einträge)
- die Unterbindung von Wanderbeziehungen (tageszeitlich, jahreszeitlich)
- die Erhöhung der Mortalität durch Verkehrstod.

Die Summe dieser Beeinträchtigungen in Verbindung mit den Auswirkungen der sonstigen Landnutzungen bewirken, dass die biologische Vielfalt in Deutschland trotz partiell erfolgreicher Naturschutzmaßnahmen (z.B. in Gewässerökosystemen) insgesamt immer noch zurückgeht.

Dessen ungeachtet, nimmt die Zerschneidung (vor allem durch Straßen) in der Bundesrepublik Deutschland nach wie vor zu (Mayer in Vorb.). Seit den 70er Jahren wird vom Bundesamt für Naturschutz in einem zehnjährigen Turnus die Anzahl der Räume dokumentiert, die eine Fläche von > 100 km² einnehmen und nicht von stark frequentierter Verkehrsinfrastruktur durchschnitten werden (Unzerschnittene Verkehrsarme Räume, UZVR; zur Methodik s. Gawlak 2001). Ein Vergleich der verschiedenen Jahre zeigt, dass durch den Neubau, später den Ausbau (Daten zur Natur 2002, 41f.) und gegenwärtig vor allem die Zunahme des PKW-

und LKW-Verkehrs die Anzahl dieser Räume immer weiter abnimmt (Daten zur Natur 2004, 67f.). Mit der Berechnung der so genannten effektiven Maschenweite» kann (am Beispiel von Baden-Württemberg, Jaeger et al. 2006) gezeigt werden, dass auch der Gesamtzerschneidungsgrad der Landschaft immer weiter zunimmt, die Fragmente immer kleiner werden.

Welche Aussagen sich im Hinblick auf die Erhaltung der biologischen Vielfalt in Deutschland aus dem «Indikator» der Abnahme großflächig unzerschnittener Räume ableiten lassen, wird gegenwärtig in einem Forschungsvorhaben des BfN[4] untersucht.

Verbund bei der Verkehrsplanung berücksichtigen

Rechtliche Grundlagen

Die Vermeidung weiterer Landschaftszerschneidung ist Bestandteil des 6. Umweltrahmenprogramms der EU.[5] Artikel 10 der Fauna-Flora-Habitat-Richtlinie (FFH-RL) legt den Staaten nahe, Verbindungen zwischen den ausgewiesenen FFH-Gebieten als Bestandteil eines kohärenten Netzes zu sichern oder zu entwickeln. Im BNatSchG werden sowohl die Vermeidung weiterer Zerschneidungen der Landschaft, insbesondere durch Infrastrukturmaßnahmen, empfohlen (§ 2 Satz Nr. 12) als auch die Länder zum Aufbau eines kohärenten Systems verbundener Biotope aufgefordert (§ 3). Eines der wichtigsten Ziele des BNatSchG ist die Erhaltung der Leistungs- und Funktionsfähigkeit des Naturhaushaltes (§ 1). Auf ebendieses Ziel ist die Eingriffsbewältigung (§ 18f BNatSchG) auszurichten. «Verbindungen» zwischen Lebensräumen sind dabei ein besonders entscheidungserhebliches Merkmal der Funktionsfähigkeit des Naturhaushaltes, weil sie essenziell zur Erfüllung der Lebensraumfunktion bzw. zur Erhaltung der Artenvielfalt beitragen. Auch der vierte Entwurf eines Leitfadens zum Schutz von Tierarten von gemeinschaftlichem Interesse[6] zur Umsetzung von Art. 12 und 16 FFH-RL fokussiert bei der Beschreibung des günstigen Erhaltungszustandes auf eine populationsbezogene Betrachtung. Diese muss zwingend die Erhaltung und Wiederherstellung von Verbund-

---

4 F+E-Vorhaben «Möglichkeiten und Grenzen der UZVR (unzerschnittene verkehrsarme Räume) zur qualitativen Bewertung und Steuerung von Flächen-Inanspruchnahmen», FKZ 805 82 025; Abschluss 2007.

5 Beschluss Nr. 1600/2002EG des europäischen Parlaments und des Rates vom 22. Juli 2002 über das sechste Umweltrahmenprogramm der Europäischen Gemeinschaft, Amtsblatt der Europäischen Gemeinschaft L 242/1.

6 Guidance document on the strict protection of animal species of community interest provided by the «Habitats» Directive 92/43/EEC, Draft-Version 4, November 2005.

und Vernetzungsbeziehungen zwischen Teilhabitaten, zwischen Teilpopulationen und zwischen Landschaften beinhalten.

Verbund bei der Planung von Straßen berücksichtigen

Die rechtlichen Grundlagen zur Berücksichtigung von Vernetzungsbeziehungen bei Straßenplanungen sind im Grundsatz ausreichend (s. o.). Trotzdem werden mögliche erhebliche Beeinträchtigungen von bestehenden Vernetzungsbeziehungen in vorgelagerten Planungsverfahren (Raumordnungs- und Linienbestimmungsverfahren mit zugehöriger Umweltverträglichkeitsprüfung (UVP)) häufig nicht erkannt, nicht mit der gebotenen Sorgfalt bearbeitet oder auf die nachfolgende Planungsebene verschoben. Insbesondere bleiben überörtliche Verbundnotwendigkeiten unbeachtet, und deren erhebliche Beeinträchtigungen werden weder vermieden noch ausreichend kompensiert. Diese Art der Netz- und Straßenplanung entspricht nicht mehr dem Stand des Wissens und der Technik. Gerade im Sinne einer nachhaltigen Verkehrswege- und Straßenplanung ist es erforderlich, so frühzeitig wie möglich die Beeinträchtigung großräumiger Vernetzungsbeziehungen zu identifizieren. Zukünftig sind deshalb Zerschneidungswirkungen bereits bei der Linienplanung als wesentliche Prüfkriterien in SUP (Strategische Umweltverträglichkeitsprüfung) und UVP zu berücksichtigen.

Arbeitsmittel, mit denen Verbundstrukturen bereits im vorgelagerten Verfahren erkannt werden können, liegen inzwischen vor. Allgemeine methodische Ansätze zur Berücksichtigung von Verbund in der SUP wurden im COST[7]-Vorhaben 340 erarbeitet, und mit der Karte der Lebensraumkorridore (Reck et al. 2005) wurde eine erste Initiativskizze zusammengestellt, aus der sich bundesweit Hinweise zur Beurteilung von Beeinträchtigungen wichtiger nationaler und landesweit bedeutsamer Verbundstrukturen ableiten lassen.[8] In Verbindung mit den Biotopverbundplanungen der Länder (die inzwischen fast flächendeckend vorliegen), Fernerkundungsdaten, Biotopkartierungen, Bodenkarten und weiterführenden Planwerken (beispielsweise der Landschaftsplanung) über lokales Expertenwissen und je nach Einzelfall notwendigen Kartierungen von Indikator(art)en lassen sich Bereiche eingrenzen, in denen Eingriffe vermieden bzw. besondere Maßnahmen zur Erhaltung von Verbund ergriffen werden müssen. Hierauf aufbauend, können Maßnahmenkonzepte zur Vermeidung und Kompensation erarbeitet werden, die bei der Aufstellung des landschaftspflegerischen Begleitplans (LBP) schrittweise weiter konkretisiert und den standörtlichen Erfordernissen angepasst werden.

---

7 European Cooperation in the field of Scientific and Technical Response (COST).
8 Derzeit wird die Karte überarbeitet (BfN in Vorb.).

Das beschriebene Vorgehen trägt im Verfahren zur Planungssicherheit bei, führt zu einer nachhaltigen Verkehrs- und Straßenplanung und schützt vor unliebsamen kostenaufwändigen Überraschungen bei der Festsetzung von Maßnahmen zur Vermeidung und Kompensation von Zerschneidungswirkungen auf Planfeststellungsebene. Empfehlungen zur Berücksichtigung von Verbund in Straßenplanungen werden derzeit als Merkblätter erarbeitet, die in der Praxis u.a. eine nachvollziehbare Begründung und Auswahl von Querungshilfen erleichtern sollen.[9]

Verbund bei der Kompensation von Eingriffen berücksichtigen

Grundsätzlich sollten alle potenziell und aktuell wichtigen Vernetzungsbeziehungen erhalten werden, weil sie wesentlich dazu beitragen, dass die Leistungs- und Funktionsfähigkeit des Naturhaushaltes, deren Bestandteil die biologische Vielfalt ist, in Deutschland gesichert werden kann. Soweit möglich, sollten deshalb Eingriffe in diese Vernetzungsbeziehungen vermieden werden. Sofern aber die Vermeidung von Eingriffen in Vernetzungsbeziehungen nicht möglich ist, müssen frühzeitig Maßnahmen ergriffen werden, die erhebliche Beeinträchtigungen weitestgehend ausschließen oder ausreichend kompensieren.

Grundsätzlich lassen sich zwei Maßnahmentypen unterscheiden. Bauwerke wie z.B. Grünbrücken oder Durchlässe[10] (Abbildung 1) erhalten oder stellen die Vernetzung zwischen (Teil-)Habitaten einer oder mehrerer Arten her, die durch den Bau und den Betrieb einer Straße unterbrochen oder erheblich beeinträchtigt werden. Insbesondere Grünbrücken müssen aus Gründen der Effizienz immer so geplant werden, dass sie von möglichst vielen Arten genutzt werden können. Habitatverbessernde Maßnahmen erhöhen dagegen nicht nur die Qualität der vorhandenen Lebensräume, sondern vernetzen auch in der Landschaft voneinander getrennte Teilpopulationen. Zu diesen Maßnahmen sind die Erweiterung von Flächen vorhandener Habitate oder die Anlage von Korridoren (Abbildung 2) oder Trittsteinen zu zählen.

---

9 Verbändevorhaben «Überwindung von Barrieren» (DJV / BfN in Vorb.).

10 Wie und in welcher Dimensionierung die Querungshilfen gebaut werden sollen, ist aktuell in Iuell et al. 2003 und in naher Zukunft im «Merkblatt zum Bau von Querungshilfen» (FGSV, in Vorb.) bzw. dementsprechend im Bericht zum o.g. BfN / DJV-Vorhaben nachzulesen.

Bedeutung v. Querungshilfen über Barrieren; für verschiedene Anspruchstypen*

Artengruppe / Anspruchstyp; Bedeutung für	t-range	mig-r	dis-r	Minder.
Große Säuger mit großräumigen Wanderbewegungen (z.B. Wildschwein, Rothirsch) (gezäunte Strassen)	+++	+++	+++	+
Große und mittelgroße, wenig migrierende Säuger (z.B. Reh, Feldhase, Fuchs, Dachs, Baum-/Steinmarder)	+++	-	++	++
Baumbewohnende Kleinsäuger (z.B. Bilche)	+	-	+++	-
Bodenlebende Kleinsäuger (z.B. Mäuse)	+	-	+	+
Vögel / Feldermäuse	-	-	-	+
Amphibien	-	+++	+++	++
Flugunfähige Wirbellose, die sich aktiv ausbreiten (z.B. Laufkäfer)	+	+	+++	(+++)
Flugfähige I., aktive Ausbreitung, Kfz schlecht ausweichend (Tagfalter)	+	-	+	(++)
Flugf. Insekten, aktive Ausbreitung, Kfz gut ausweichend (Bienen)	-	-	+	+
Wirbellose mit passiver (anemochor) oder geringer Ausbreitungsfähigkeit	-	-	-	-
Wirbellose mit passiver (zoochor) oder geringer Ausbreitungsfähigkeit	-	-	+	-

trivial range / Erhaltung von Aktionsräumen (Indiv., Gruppen, Lokalpopul.)
migration range / Erhaltung von Migrationswegen
dispersal range / Erhaltung der Möglichkeiten für Dispersal, inkl. Austausch von Individuen zwischen Teilpopulationenvon Metapopul.
Minderung / Verminderung der verkehrsbedingten Mortalität

+++ hoch,
++ mittel,
+ gering,
- keine Bedeutung

*verändert nach Pfister, Keller, Reck, Georgii (1997); vorausgesetzt ist: 1. die Querungshilfe führt über / unter eine viel befahrene Straße, 2. ein straßenbegleitender (isolierender) Wildunfall-Schutzzaun

Abbildung 1: Bedeutung von Querungshilfen für verschiedene Anspruchtypen. Quelle: Reck et al. 2005

Bedeutung überregionaler Lebensraumkorridore; für verschied. Anspruchstypen

Artengruppe / Anspruchstyp; Bedeutung für	t-range	mig-r	dis-r	Fkt.
Große Säuger mit großräumigen Wanderbewegungen	o	++	++	+++
Große und mittelgroße, wenig migrierende Säuger	o	+	++	+++
Baumbewohnende Kleinsäuger	o	-	+++	+
Bodenlebende Kleinsäuger	o	-	+++	+
Vögel / Feldermäuse	oo	++	+	++
Amphibien / Reptilien	oo	ooo	+++	-
Flugunfähige Wirbellose, die sich aktiv ausbreiten (z.B. Laufkäfer)	oo	oo	+++	-
Flugfähige I., aktive Ausbreitung, Kfz schlecht ausweichend (Tagfalter)	oo	oo	+++	-
Flugf. Insekten, aktive Ausbreitung, Kfz gut ausweichend (Bienen)	oo	oo	++	-
Wirbellose mit passiver (anemochor) oder geringer Ausbreitungsfähigk.	o	-	+	-
Wirbellose mit passiver (zoochor) oder geringer Ausbreitungsfähigkeit	o	-	+++	-
Pflanzen mit überwiegend anemochorer Ausbreitung	-	-	+	-
Pflanzen mit überwiegend zoochorer Ausbreitung	-	-	+++	-
Pflanzen mit überwiegend hydrochorer Ausbreitung	-	-	++	-

trivial range / Erhaltung von Aktionsräumen (Indiv., Gruppen, Lokalpopul.)
migration range / Erhaltung von Migrationswegen
dispersal range / Erhaltung der Möglichkeiten für Dispersal, inkl. Austausch von Individuen zwischen Teilpopulationen von Metapopul.
Fkt. / Erhaltung der Vektor- und Habitatbildungsfunktion

+++ hoch,
++ mittel,
+ gering,
- keine Bed.
O lokale Optimierung durch Erhöhen der Habitatheterogenität

Abbildung2: Bedeutung von Lebensraumkorridoren für verschiedene Anspruchstypen. Quelle: Reck et al. 2005

Für beide Maßnahmentypen gilt, dass die langfristige Sicherung der Verbundfunktion nur erhalten werden kann, wenn sie in ein übergeordnetes Gesamtkonzept integriert sind und von der Bevölkerung akzeptiert werden. Dies erfordert bei der Planung eine sehr gute Kenntnis der Ansprüche betroffener Arten, der vorhandenen Habitate und der Entwicklungsmöglichkeiten sowie eine ausreichende Information vor allem der lokalen Bevölkerung über die Funktion und Notwendigkeit der Maßnahmen.

Fazit

Zwar wird das dichte Verkehrsnetz in Deutschland nur noch in Teilbereichen (aufgrund der Situation als Transitland) erweitert. Jedoch werden sich laut der Verkehrsprognosen (Bundesverkehrswegeplan 2003) auf vielen, heute noch weniger befahrenen Straßen die Verkehrsdichten erhöhen. Damit wird die Zerschneidungssituation für viele Lebensräume und Arten erheblich zunehmen. Die Entwicklung von Ortsumgehungen (u.a. zur Minderung nächtlicher Lärmbelastungen) ist derzeit kaum kalkulierbar, wird aber zu weiterer erheblicher Zerschneidung beitragen.

Räumlicher Verbund bzw. hohe Konnektivität naturnaher Flächen ist aber, wie die vorgestellten Konzepte zeigen, eine nicht ersetzbare Grundlage zur Erhaltung der Leistungs- und Funktionsfähigkeit des Naturhaushaltes und damit der biologischen Vielfalt in Deutschland. Deshalb wurden vom Gesetzgeber entsprechende Grundsätze und Regelungen zur Erhaltung und Wiederherstellung von Verbund formuliert. In konkreten Netz- und Straßenplanungen werden gegenwärtig die Auswirkungen möglicher Zerschneidungswirkungen zu spät und zu oberflächlich behandelt. Dies entspricht nicht dem Stand von Wissen und Technik. Die Beeinträchtigung von Vernetzungsbeziehungen lässt sich nur vermeiden bzw. ausreichend minimieren, wenn sie im Planungsverfahren frühzeitig berücksichtigt werden.

Um dauerhaft die Funktionsfähigkeit sowohl von Vermeidungs- als auch von Kompensationsmaßnahmen zu sichern, sind diese in ein Gesamtkonzept zur Erhaltung und Wiederherstellung von Verbund zu integrieren. Wichtiger Bestandteil eines Gesamtplans muss ein Entschneidungskonzept für das bestehende Verkehrsnetz in Deutschland werden, das die gesamte biologische Vielfalt berücksichtigt.

Die von der Zerschneidung hervorgerufenen Probleme, ihre Wirkungen und nötigen Maßnahmen zur Vermeidung und Kompensation sind bislang zu wenig außerhalb der Fachöffentlichkeit diskutiert und vermittelt worden. Für die Wirksamkeit von Maßnahmen zur Erhaltung von Vernetzungsbeziehungen ist eine breite Akzeptanz in der politischen Öffentlichkeit und bei der lokalen Bevölkerung vor Ort erforderlich. Korridore in Verbindung mit Querungshilfen und Schutzzäunen dienen auch als Sicherheitsmaßnahme für Verkehrsteilnehmer, wenn man an die vielen Wildunfälle denkt. Parallel zur Aufstellung eines Entschneidungskonzeptes sollte das vorhandene Wissen in leicht verständlicher und ansprechender Form aufbereitet werden. In den Niederlanden hatte die aktive Information der Öffentlichkeit und der Politik über das Problem von Zerschneidungswirkungen auf Mensch und Natur Erfolg, wie das holländische Verbund- und Entschneidungskonzept (s. Beitrag in diesem Buch) und die Bereitstellung von gegenwärtig 410 Millionen Euro allein für «Entschneidungsmaßnahmen» zeigen.

Weitere Forschung ist erforderlich, weil der genaue Anteil, den der Straßenverkehr an der Gefährdung von Arten hat, bislang nicht eindeutig bestimmbar ist. Vor allem sind Langfristfolgen der Zerschneidung noch nicht ausreichend quantifiziert und Wechselwirkungen mit anderen Landnutzungen kaum untersucht. Daneben fehlen zudem ausreichende Untersuchungen, die beispielsweise die Qualität von Lebensräumen vor dem Bau einer Straße erfassen und diese mit der Situation nach dem Bau einer Straße über einen längeren Zeitraum vergleichen. Auch die Effektivität von Vermeidungs- und Kompensationsmaßnahmen, deren Ziel die Bewahrung eines günstigen Erhaltungszustandes der Populationen schutzbedürftiger Arten ist, lässt sich (aufgrund mangelnder Erhebungen) oft nur sehr grob abschätzen. Forschung wird also gebraucht, um die Effektivität und – vielleicht noch wichtiger – die Effizienz von Problemlösungen zu verbessern. Sie trägt dazu bei, zukünftige Flächennutzung so steuern zu können, dass Natur – möglichst vor der Haustür – in Deutschland erlebbar bleibt oder wieder wird.

Literatur

Baier, H. et al. (2006): Freiraum und Naturschutz. Springer Verlag, Berlin / Heidelberg, 692 S.

Baier, H. (2005): Sicherung von Biotopverbundsystemen und grossräumigen Habitatkorridoren in einem Netzwerk zerschneidungsarmer landschaftlicher Freiräume – Beiträge zu einem ökologischen Netzwerk Mecklenburg-Vorpommern (ÖNMV). In Reck et al., (2005): Lebensraumkorridore für Mensch und Natur, Nabiv 17.

Bugla, B. & Poschlod, P. (2006): Biotopverbund für die Migration von Pflanzen – Förderung von Ausbreitungsprozessen statt statischen Korridoren und Trittsteinen: Das Fallbeispiel «Pflanzenarten der Sandmagerrasen» in Bamberg, Bayern. Naturschutz und Biologische Vielfalt 17: 101–117.

Bundesamt für Naturschutz (2002): Nature Data. Landwirtschaftsverlag GmbH, Münster, 284 S.

Bundesamt für Naturschutz (2004): Daten zur Natur. Landwirtschaftsverlag GmbH, Münster, 474 S.

Bunzel-Drüke, M. et al. (1999): Großtiere und Landschaft – von der Theorie zur Praxis. In: *Bernd Gerken* und *Martin Görner:* Europäische Landschaftsentwicklung mit großen Weidetieren – Geschichte, Modelle und Perspektiven. Natur und Kulturlandschaft 3, Höxter / Jena.

Conell, J. H. (1978): Diversity in Tropical Rain Forests and Coral Reefs. Science 199: 1302–1310.

Gawlak, C. (2001): Unzerschnittene verkehrsarme Räume in Deutschland 1999. Natur und Landschaft 11: 481–484.

Iuell et al. (eds., 2003): «Wildlife and Traffic: A European Handbook for Identifying Conflicts and Designing Solutions». KNNV Publishers ISBN 90 5011 186 6.

Jaeger, J (2002): Landschaftszerschneidung, Eugen Ulmer Verlag, 447 S.

Jaeger,J., Esswein, H. & Schwarz-von Raumer, H-G. (2006): Landschaftszerschneidung in Baden-Württemberg: Fortschreibung zeigt weitere starke Zunahme der Zerschneidung an. In: Bad Boller Skripte: Zerschnitten, zerstückelt – oder vernetzt? Landschaftszerschneidung contra Lebensraumverbund. Bad Boller Skripte 3 / 2006: 17–48.

Levins, R. (1969): Some demographic and genetic consequences of environmental heterogenity for biological control. Bulletin of the Entomology Society of America, 15: 237–240.

Mayer, F.: Überarbeitung der UZVR (BfN in Vorb.).

Reck, H., Hänel, K., Böttcher, M. & Winter, A. (2005): Lebensraumkorridore für Mensch und Natur – Initiativskizze. Naturschutz und Biologische Vielfalt 17: 11–53.

Reed D. H., O'Grady J. J., Brook B. W., Ballou J. D., Frankham R. (2003) Estimates of minimum viable population sizes for vertebrates and factors influencing those estimates. Biological Conservation 113: 23–34.

Remmert, H. (1991): Das Mosaik-Zyklus-Konzept und seine Bedeutung für den Naturschutz: Eine Übersicht. – Das Mosaik-Zyklus-Konzept der Ökosysteme und seine Bedeutung für den Naturschutz. Laufener Seminarbeiträge 5 / 91: 5–15.

Schaffer M. L. (1991): Minimum viable population sizes for species. Conservation Bioscience 31: 131–134.

Scherzinger, W. (1991): Das Mosaik-Zyklus-Konzept aus der Sicht des zoologischen Artenschutzes. Das Mosaik-Zyklus-Konzept der Ökosysteme und seine Bedeutung für den Naturschutz. Laufener Seminarbeiträge 5 / 91: 30–42.

Rechtliche Grundlagen für die Schaffung von Lebensraum-Verbundkorridoren

Jochen Schumacher

Verschiedene internationale, europäische und nationale Regelungen verpflichten dazu, einen Biotopverbund aufzubauen und damit auch Querungshilfen an Verkehrswegen zu schaffen. Während zwischenzeitlich beim Neu- oder Ausbau von Verkehrswegen regelmäßig Lebensraum-Verbundkorridore eingerichtet werden, gibt es im bestehenden Verkehrswegenetz wenige Querungshilfen. Auch das Bundesnaturschutzgesetz verpflichtet die Länder dazu, ein Biotopverbundsystem herzustellen; damit wird es möglich, diese Situation zu ändern. Dazu müssen jedoch die bestehenden Regelungen konsequent angewandt werden.

Mit der Zerschneidung der Landschaft sind zahlreiche negative Auswirkungen – insbesondere auf die Tierwelt – verbunden, wie z. B. Tierverluste durch Straßentod, Unruhewirkung, Verlust von Rückzugsräumen, Habitatverkleinerung und -verluste, Barriereeffekte, Artenverluste usw. (Jaeger 2002).

Es hat sich gezeigt, dass mit den bisherigen Instrumenten des Flächen- und Objektschutzes allein kein wirksamer Schutz von Tier- und Pflanzenarten sowie ihrer Lebensräume gewährleistet werden kann. Vielmehr ist es erforderlich, ein ökologisches Netzwerks zu errichten, das die funktionalen Wechselbeziehungen in Natur und Landschaft erhält bzw. wiederherstellt.

Angesichts der Tatsache, dass sich die Lebensraumzerschneidung durch Verkehrswege negativ auf Arten auswirken kann, stellt sich die Frage, ob es eine rechtliche Verpflichtung zur Schaffung von Lebensraum-Verbundkorridoren gibt. Tatsächlich finden sich normative Regelungen, die – direkt oder indirekt – eine Vernetzung von Lebensräumen fordern, auf internationaler und europäischer und nationaler Ebene.

Internationale Verpflichtungen

In verschiedenen internationalen Vereinbarungen finden sich Verpflichtungen, die eine Vernetzung von Schutzgebieten erforderlich machen. Beispiele hierfür sind die Biodiversitätskonvention, die Bonner Konvention und die Alpenkonvention.

Übereinkommen über die Biologische Vielfalt (Biodiversitätskonvention – CBD)

Die Biodiversitätskonvention aus dem Jahr 1992 hat drei Ziele:
- die Erhaltung der biologischen Vielfalt (Lebensräume, Arten und genetische Vielfalt),
- die nachhaltige Nutzung der Bestandteile der biologischen Vielfalt und
- die gerechte Verteilung der Vorteile (Gewinne) aus der Nutzung genetischer Ressourcen / Zugang zu genetischen Ressourcen.

Um den andauernden Verlust an Biodiversität zu stoppen, verpflichtet Art. 8 CBD zu verschiedenen Maßnahmen der «In-situ-Erhaltung», also zur Erhaltung der Biodiversität dort, wo sie natürlich vorkommt. Dies beinhaltet den Schutz von Ökosystemen und natürlichen Lebensräumen, die Bewahrung lebensfähiger Populationen von Arten, die Sanierung und Wiederherstellung beeinträchtigter Ökosysteme und die Regenerierung gefährdeter Arten. Um diese Ziele zu erreichen, muss die bestehende Verinselung der Biotope nachhaltig verringert und die Durchgängigkeit der Landschaft erhöht werden.

Übereinkommen zur Erhaltung der wandernden wild lebenden Tierarten (Bonner Konvention – CMS)

Das Ziel der Bonner Konvention ist die Erhaltung der auf dem Land- und Luftweg wandernden Tierarten. Vertragsparteien, die Arealstaaten einer wandernden, in Anhang I der Konvention enthaltenen Art sind, bemühen sich, «... nachteilige Auswirkungen von Aktivitäten oder Hindernissen, die die Wanderung der Arten ernstlich erschweren oder verhindern, auszuschalten, zu beseitigen, auszugleichen oder – soweit angebracht – auf ein Mindestmaß zu beschränken» (Art. 3, Nr. 4, Pkt. 2). Anhang II verzeichnet Arten, deren bisheriger Schutzstatus in einzelnen Ländern ungenügend ist und deshalb internationaler Koordination bedarf. Ein wirkungsvoller Schutz von wandernden Tierarten ist nur möglich, wenn ihre Wanderwege offen gehalten bzw. durch die Beseitigung bestehende Barrieren wiederhergestellt werden.

Alpenkonvention

Die Alpenkonvention dient der Erhaltung und dem Schutz der Alpen. Um dieses Ziel zu erreichen, ergreifen die Vertragsparteien geeignete Maßnahmen u. a. auf den Gebieten Naturschutz und Landschaftspflege sowie der Raumplanung und nachhaltigen Entwicklung. Die näheren Einzelheiten hierzu werden in den völkerrechtlich selbstständigen Protokollen geregelt. Artikel 12 des Protokolls «Naturschutz und Landschaftspflege» fordert die Schaffung eines «nationalen und grenzüberschreitenden Verbunds ausgewiesener Schutzgebiete, Biotope und anderer geschützter oder schützenswerter Objekte».

Europarechtliche Verpflichtungen

Insbesondere in den letzten Jahren gab es auf europäischer Ebene verstärkte Anstrengungen, die rechtlichen Grundlagen für ein gemeinschaftliches naturschützerisches Umweltrecht zu schaffen. Zu der bereits seit 1979 geltenden Vogelschutzrichtlinie kamen die Flora-Fauna-Habitat-(FFH)-Richtlinie, die Wasserrahmenrichtlinie und die Umwelthaftungsrichtlinie hinzu. Um Gültigkeit zu erlangen, müssen die europäischen Richtlinien in innerstaatliches Recht transformiert werden. Geschieht dies nicht rechtzeitig oder nur unzureichend, so gilt die Richtlinie nach Ablauf der Umsetzungsfrist (ganz oder in Teilen) direkt.

Fauna-Flora-Habitat-Richtlinie (FFH-RL) und Europäische Vogelschutzrichtlinie (VRL)

Zur Erhaltung des Europäischen Naturerbes und der biologischen Vielfalt auf europäischer Ebene wird in der Europäischen Union das Schutzgebietsystem «Natura 2000» aufgebaut, das aus FFH-Gebieten und Vogelschutzgebieten besteht. Die rechtlichen Grundlagen hierfür bilden die FFH-RL (Richtlinie 92/43/EWG des Rates vom 21. Mai 1992 zur Erhaltung natürlicher Lebensräume sowie der wildlebenden Pflanzen und Tiere) und die VRL (Richtlinie 79/409/EWG des Rates vom 2. April 1979 über die Erhaltung der wild lebenden Vogelarten).

Die Natura-2000-Schutzgebiete unterliegen einem Verschlechterungsverbot (Art. 6 FFH-RL). Das bedeutet, dass geeignete Maßnahmen ergriffen werden müssen, um die Verschlechterung der natürlichen Lebensräume und der Habitate der Arten sowie Störungen von Arten, für die die Gebiete ausgewiesen wurden, zu vermeiden. Dies beinhaltet auch, dass dort, wo es für die langfristige Sicherung überlebensfähiger Populationsgrößen nötig ist, ein Austausch mit weiteren (Meta-) Populationen zu gewährleisten ist. Explizit sehen daher Art. 3 und 10 vor, dass sich die Mitgliedstaaten bemühen müssen, die ökologische Kohärenz für wild lebende Pflanzen und Tieren zu verbessern, indem Landschaftselemente mit ausschlaggebender Bedeutung erhalten bzw. geschaffen werden. Insbesondere sollen solche Landschaftselemente gefördert werden, die aufgrund ihrer linearen, fortlaufenden

Struktur oder ihrer Vernetzungsfunktion für die Wanderung, die geografische Verbreitung und den genetischen Austausch wild lebender Arten wesentlich sind. Vielfach ist es für die Vernetzung von Gebieten auch notwendig, bestehende Barrieren (z.B. durch den Bau von Grünbrücken über Straßen und Eisenbahntrassen) zu beseitigen.

Für Pläne oder Projekte, die ein Natura-2000-Gebiet einzeln oder im Zusammenwirken mit anderen Plänen und Projekten erheblich beeinträchtigen könnten, ist nach Art. 6 Abs. 3 eine Verträglichkeitsprüfung durchzuführen, mit den für dieses Gebiet festgelegten Erhaltungszielen. Näheres regelt im deutschen Recht § 34 ff. Bundesnaturschutzgesetz (BNatSchG).

Wasserrahmenrichtlinie (WRRL)

Die WRRL verlangt eine langfristige nachhaltige Gewässerbewirtschaftung. Dabei soll u.a. der ökologische und chemische Gewässerzustand des Grundwassers sowie der Uferbereiche und Feuchtgebiete geschützt und verbessert werden. Gemäß Art. 4 sollen bis 2015 alle Oberflächenwasserkörper einen guten chemischen Zustand und einen guten ökologischen Zustand erreichen (wobei bestimmte Ausnahmen möglich sind).

Die Bewertung des ökologischen Gewässerzustands erfolgt vorrangig über biologische Komponenten, unterstützend kommen physikalisch-chemische und hydromorphologische Komponenten hinzu, wobei auch die Durchgängigkeit von Flüssen ein Bewertungskriterium ist.

Die WRRL strebt vom Menschen wenig beeinflusste Gewässer an, sie unterstützt damit die Entwicklung der Fließgewässer als großräumige Biotopverbundachsen.

Umwelthaftungsrichtlinie

Ziel der Umwelthaftungsrichtlinie ist es, auf der Grundlage des Verursacherprinzips einen Rahmen für die Umwelthaftung zur Vermeidung und Sanierung von Umweltschäden zu schaffen. Dabei ist ein «Umweltschaden» im Sinne der Umwelthaftungsrichtlinie:

– eine Schädigung geschützter Arten und natürlicher Lebensräume,
– eine Schädigung der Gewässer,
– eine Schädigung des Bodens.

Unter dem Begriff «geschützte Arten» sind die in Artikel 4 Absatz 2 oder Anhang I der VRL sowie die in den Anhängen II und IV der FFH-RL genannten Arten zu verstehen. Des Weiteren kann jeder Mitgliedstaat weitere schutzbedürftige Arten in den Begriff aufnehmen. «Geschützte Lebensräume» sind die Lebensräume der in Artikel 4 Absatz 2 oder Anhang I der VRL genannten Arten sowie die Lebensräume der in Anhang II FFH-RL aufgelisteten Arten. Weiter zählen die in Anhang I der FFH-RL aufgelisteten natürlichen Lebensräume, die Fortpflanzungs- oder Ruhestätten der Anhang IV genannten Arten der FFH-RL sowie vom Mitgliedstaat ausgewählte Lebensräume dazu.

Wichtig ist hierbei, dass sich der Anwendungsbereich der Richtlinie nicht auf ausgewiesene Natura-2000-Gebiete beschränkt, sondern für alle Vorkommen der genannten Arten und Lebensräume gilt. Dies ist auch in Planungsverfahren zu berücksichtigen.

Nicht als Umweltschaden gewertet werden Schädigungen an Arten und Lebensräumen, die zuvor (z.B. in einem Genehmigungsverfahren) erlaubt wurden. Die Kompensation dieser Schäden erfolgt im Rahmen des genehmigten Vorhabens, so dass hier der entstandene Schaden auf anderem Weg ausgeglichen wird.

Werden größere oder andere als die genehmigten Schäden verursacht, so unterliegen diese – dann ja nicht genehmigten Schädigungen – der Umwelthaftung. Im Falle der Barrierewirkung von Verkehrswegen kann dies z.B. den Bau (weiterer) Querungshilfen bedeuten.

Nationale Verpflichtungen

Das BNatSchG enthält verschiedene Regelungen, die eine Verpflichtung zur Schaffung von Lebensraum-Verbundkorridoren enthalten, so z.B. in den §§ 1, 2, 3,13ff., 18ff., 31, 34f. BNatSchG.

Ziele und Grundsätze des BNatSchG

Die Begriffe «Ziel» und «Grundsätze» bilden eine gemeinsame Sinneinheit im BNatSchG; alle weiteren Regelungen sollen ihrer Verwirklichung dienen.

Ziel von Naturschutz und Landschaftspflege (§ 1 BNatSchG) ist die dauerhafte Sicherung der Leistungs- und Funktionsfähigkeit des Naturhaushalts, die Regenerationsfähigkeit und nachhaltige Nutzungsfähigkeit der Naturgüter, die Tier- und Pflanzenwelt einschließlich ihrer Lebensstätten und Lebensräume und die Eigenart und Schönheit sowie der Erholungswert von Natur und Landschaft.

Als Grundsätze (§ 2 BNatSchG) sind z.B. der Erhalt und die Entwicklung der biologischen Vielfalt (Nr. 8), der Schutz der natürlichen und historisch gewachsenen Artenvielfalt (Nr. 9) sowie der Schutz, die Entwicklung und die Wiederherstellung von Biotopen (Nr. 9) formuliert.

Aus den Zielen und Grundsätzen des BNatSchG lässt sich im Zusammenwirken mit weiteren Regelungen des BNatSchG auch die Verpflichtung ableiten, Lebensraum-Verbundkorridore zu schaffen.

Biotopverbund

Zentrale Vorgaben des BNatSchG für die Schaffung von Lebensraum-Verbundkorridoren finden sich in § 3 BNatSchG. Er verpflichtet die Länder, einen Biotopverbund auf mindestens 10 Prozent der Landesfläche einzurichten. Dadurch sollen

- die heimischen Tier- und Pflanzenarten und deren Populationen einschließlich ihrer Lebensräume und Lebensgemeinschaften nachhaltig gesichert werden,
- funktionsfähige ökologische Wechselbeziehungen bewahrt, wiederhergestellt und entwickelt werden.

Als Bestandteile des Biotopverbunds kommen Nationalpärke, gesetzlich geschützte Biotope, Naturschutzgebiete, Natura-2000-Gebiete, Biosphärenreservate sowie weitere Flächen und Elemente in Frage, sofern sie zur Erreichung der Ziele des Biotopverbunds geeignet sind.

Für einen funktionsfähigen Biotopverbund ist es unabdingbar, dass die Biotopverbundflächen durch so genannte Verbindungselemente so miteinander verknüpft sind, dass ein Austausch der Arten möglich ist. Als Verbindungselemente dienen sowohl flächenhafte als auch punkt- oder linienförmig in der Landschaft verteilte Elemente, wie Gehölze, Feldraine, Tümpel, einzelne Gebäude, Grünbrücken, Bäume, Wasserläufe usw., die von bestimmten Arten für ihre Ausbreitung, den genetischen Austausch oder für die Wanderung benutzt werden. Die Förderung dieser Landschaftselemente dient auch dazu, die Anforderungen aus Art. 10 FFH-RL umzusetzen (Schumacher / Schumacher 2003, § 3 Rn. 26).

Die für den Biotopverbund erforderlichen Flächen und Verbindungselemente müssen rechtlich gesichert werden, indem geeignete Schutzgebiete ausgewiesen, planungsrechtliche Festlegungen und langfristige Vereinbarungen (Vertragsnaturschutz) oder andere geeignete Maßnahmen getroffen werden. So soll ein Biotopverbund dauerhaft gewährleistet sein.

Die Bundesländer haben die Aufgabe, diesen Biotopverbund zu schaffen. Hierzu ist es erforderlich, ein landesweites Biotopverbund-Konzept aufzustellen, in dem die Ziele des Biotopverbunds für die – auf Landesebene bedeutsamen – Lebensraumtypen und Arten definiert und der entsprechende Handlungsbedarf festgelegt wird. Auch auf regionaler und lokaler Ebene ist eine Verbundplanung erforderlich, die u. a. aufzeigt, welche Maßnahmen nötig sind, um bestehende Barrierewirkungen zu beseitigen.

Landschaftsplanung

Die Landschaftsplanung (§ 13–17 BNatSchG) ist das naturschutzrechtliche Planungsinstrument zur Umsetzung des Biotopverbunds und damit auch der Lebensraum-Verbundkorridore. Die Landschaftsplanung legt dar, was in einem Planungsraum aus Naturschutzgründen erforderlich ist. Sie bringt diese Ansprüche des Naturschutzes in die Raumordnung ein. Die Erfordernisse und Maßnahmen des Naturschutzes und der Landschaftspflege werden in Landschaftsprogrammen (Landesebene) oder Landschaftsrahmenplänen (regionale Ebene) sowie in Landschaftsplänen (kommunale Ebene) dargestellt. In Bezug auf den Biotopverbund sollen auch Aussagen zu Flächen erfolgen, die besonders geeignet sind, einen Biotopverbund aufzubauen. Die Raumordnung berücksichtigt dies nach Abwägung mit anderen raumbedeutsamen Ansprüchen. Dabei kann die Raumordnung die Biotopverbund-Achsen (bestehende und angestrebte), den Bedarf an Lebensraum-Verbundkorridoren im bestehenden Verkehrswegenetz sowie die Notwendigkeit von Lebensraum-Verbundkorridoren bei geplanten Bauvorhaben darstellen.

Eingriffsregelung

Kerngedanke der Eingriffsregelung (§ 18-21 BNatSchG) ist, dass derjenige, der Beeinträchtigungen von Natur und Landschaft verursacht, auch die Verantwortung dafür trägt, die Folgen des Eingriffs zu vermeiden, zu vermindern oder mindestens zu kompensieren. Entsprechend dem Wortlaut des § 18 Abs. 1 BNatSchG («können») ist von einem Eingriff schon dann auszugehen, wenn die Beeinträchtigung möglich, d.h. hinreichend wahrscheinlich ist; eine absolute Gewissheit über die Beeinträchtigung ist demnach nicht erforderlich (Kratsch & Schumacher 2005, 41).

Für Eingriffe in Natur und Landschaft gibt es eine gestufte Abfolge von Pflichten:

- Grundsätzlich hat der Verursacher eines Eingriffs vermeidbare Beeinträchtigungen von Natur und Landschaft zu unterlassen (erste Stufe: Vermeidungsgebot gem. § 19 Abs. 1 BNatSchG).
- Unvermeidbare Beeinträchtigungen sind innerhalb einer angemessenen Frist vorrangig auszugleichen (zweite Stufe: Ausgleichsgebot gemäß § 19 Abs. 2 Satz 1 und 2 BnatSchG) oder in sonstiger Weise zu kompensieren (dritte Stufe: Pflicht zur Durchführung von Ersatzmaßnahmen).
- Lassen sich die Beeinträchtigungen weder vermeiden noch im erforderlichen Maße durch Ausgleichs- oder Ersatzmaßnahmen kompensieren, kann ein Eingriff nach § 19 Abs. 3 BnatSchG nur zugelassen werden, wenn die Belange des Naturschutzes und der Landschaftspflege bei der Abwägung aller Anfor-

derungen an Natur und Landschaft zurücktreten. Der Verursacher ist dann zu Ersatzzahlung oder Ausgleichsabgaben verpflichtet, soweit dies landesrechtlich vorgesehen ist (vierte Stufe: Gebot spezifisch naturschutzrechtlicher Abwägung).

Um die Barrierewirkung eines Verkehrswegeneubaus oder -ausbaus zu minimieren, verpflichtet die Eingriffsregelung:

- die Variante zu wählen, die die geringsten Beeinträchtigungen von Natur und Landschaft mit sich bringt (Verhältnismäßigkeit ist zu berücksichtigen),
- die «Durchlässigkeit» durch entsprechende Maßnahmen (Querungshilfen) zu erhöhen (Ausgleichsmaßnahme),
- nicht ausgleichbare Wirkungen durch Ersatzmaßnahmen zu kompensieren (z.B. durch Querungshilfen an bestehenden Straßen),
- Ersatzzahlungen zu leisten, wenn eine Kompensation nicht vollständig möglich ist.

FFH – Verträglichkeitsprüfung für Pläne und Projekte

Um Verschlechterungen in Natura-2000-Schutzgebieten zu vermeiden, ist eine Verträglichkeitsprüfung von Plänen (§ 35 BNatSchG) und Projekten (§ 34 BNatSchG) durchzuführen, wenn diese einzeln oder in Zusammenwirkung mit anderen Plänen und Projekten ein Gebiet erheblich beeinträchtigen könnten. Von dieser Pflicht umfasst sind z.B. auch die Linienbestimmungen nach § 16 Bundesfernstraßengesetz und § 2 Abs. 1 Verkehrswegeplanungsbeschleunigungsgesetz sowie Raumordnungspläne.

Ergibt die Verträglichkeitsprüfung, dass erhebliche Beeinträchtigungen eines Natura-2000-Gebiets in «seinen für die Erhaltungsziele oder den Schutzzweck maßgeblichen Bestandteilen» möglich sind, ist das Projekt unzulässig. Eine Ausnahme hiervon kann nur erteilt werden, wenn:

- zwingende Gründe des überwiegenden öffentlichen Interesses bestehen,
- es keine zumutbaren Alternativen gibt,
- Kohärenzmaßnahmen möglich sind.

Um Beeinträchtigungen zu minimieren, sind Maßnahmen zur Vermeidung oder Minderung durchzuführen. Wird z.B. das Vorkommen einer geschützten Tierart im Natura-2000-Gebiet dadurch beeinträchtigt, dass ein Verkehrswegebauvorhaben (auch außerhalb des Schutzgebiets) die Wanderung der Tiere beeinträchtigt, so sind – im Falle der Genehmigung des Vorhabens – Querungshilfen oder andere wirksame Maßnahmen zur Minderung der negativen Auswirkungen durchzuführen.

Fazit

Es gibt zahlreiche rechtliche Regelungen auf internationaler, europäischer und nationaler Ebene, die dazu verpflichten, einen Biotopverbund aufzubauen und damit auch Querungshilfen an Verkehrswegen zu schaffen. Insbesondere ist die Biodiversität nur zu erhalten mit einem intakten Netzwerk von Lebensräumen, die miteinander im Austausch stehen.

Während aufgrund der Eingriffsregelung und der FFH-Verträglichkeitsprüfung beim Neubau oder Ausbau von Verkehrswegen inzwischen regelmäßig Lebensraum-Verbundkorridore eingerichtet werden, um die Zerschneidungswirkung der Straße zu mindern, ist das bestehende Verkehrswegenetz noch sehr unzureichend mit Querungshilfen ausgestattet.

Das Bundesnaturschutzgesetz enthält die rechtliche Verpflichtung, ein Biotopverbundsystem aufzubauen. Damit wird es möglich, Lebensraum-Verbundkorridore im bestehenden Straßen- und Schienennetz ausreichend zu berücksichtigen. Um dies zu erreichen, müssen aber bestehende Regelungen konsequent angewendet werden. Insbesondere ist es dafür nötig, Biotopverbund-Konzepte auf allen Ebenen der Landschaftsplanung zu erarbeiten (Bundesland, Region, Kommune – sowie für großräumige Verbundachsen auch auf Bundesebene in Abstimmung mit den Ländern), diese in die Pläne der Raumordnung aufzunehmen und nicht zuletzt sie auch vor Ort umzusetzen.

Literatur

Jaeger, J. (2002): Landschaftszerschneidung. Eine transdisziplinäre Studie gemäß dem Konzept der Umweltgefährdung, Stuttgart: Eugen Ulmer Verlag.

Kratsch, D. & Schumacher, J. (2005): Naturschutzrecht – ein Leitfaden für die Praxis, Berlin: Erich Schmidt Verlag.

Schumacher, A. & Schumacher, J. (2003): Kommentierung zu § 3, in: Schumacher, J. / Fischer-Hüftle, P. (Hrsg.): Bundesnaturschutzgesetz – Kommentar, Stuttgart: Kohlhammer.

Kapitel 2:

Strategien der Nachbarn im Ausland

Verbund und Entschneidung in den Niederlanden

Ein integratives Naturschutzkonzept

Marita Böttcher

1990 beschloss die niederländische Regierung ein Konzept zur Entwicklung von Natur und Landschaft. Bestandteil dieses Konzeptes ist das nationale ökologische Netzwerk der Niederlande zum Verbund der national und international bedeutenden Ökosysteme. Dieses Netzwerk wird an vielen Stellen u. a. durch Straßen zerschnitten. 2005 verabschiedete das niederländische Parlament ein Entschneidungsprogramm, das mit 410 Millionen Euro gefördert wird. Bis 2018 sollen die wesentlichen Konfliktschwerpunkte aufgehoben werden.

Die Ausgangslage

Mit 16 Millionen Einwohnern und einer Dichte von 470 Einwohnern / km² zählen die Niederlande zu den am dichtesten besiedelten Staaten in Europa. Entsprechend dicht ist auch das Verkehrsnetz ausgebaut, durchschnittlich beträgt seine Dichte 3,4 km / km². Im Vergleich dazu leben in Deutschland 225 Einwohner pro km², und die Dichte des Verkehrsnetzes beträgt 2,4 km / km². Die intensive Landnutzung wird vor allem von der Landwirtschaft, insbesondere landwirtschaftlichen Sonderkulturen (z. B. der Tulpenzwiebelproduktion) geprägt.

Seit Beginn des 20. Jahrhunderts nahmen Naturschutzflächen von 900 000 Hektar (1900) auf zirka 450 000 Hektar (1990) ab. Gewerbeansiedlungen, Siedlungsentwicklung und der Ausbau der Infrastruktur (Straße, Eisenbahn, Wasserstraße) führten neben der industrialisierten landwirtschaftlichen Nutzung zu weiteren Flächenverlusten und zu Zerschneidung und Isolation der verbliebenen Naturschutzflächen. Hinzu kamen qualitative Verschlechterungen, vor allem der Böden und des Grundwassers. Böden und damit auch die restlichen Naturschutzflächen wurden durch Emissionen (z. B. erhöhte Säureeinträge aus der Luft) und Überdüngung (z. B. erhöhte Nitratbelastung) sowie schädliche Bodenveränderungen (z. B. Schwermetallbelastungen) in ihrer Qualität beeinträchtigt.

Neben dem Flächenverlust und den strukturellen und qualitativen Beeinträchtigungen, ist die geringe Flächengröße vieler Naturschutzflächen problematisch. Weil Randeffekte (z. B. Lärmimmissionen) den Raum verkleinern, ist die rechnerisch ermittelte Fläche viel größer, als die tatsächlich für ungestört ablaufende ökologische Prozesse zur Verfügung stehende Naturschutzfläche.

Gesellschaftliche, rechtliche und politische Voraussetzungen für Verbund und Entschneidung

Gesellschaftliche Grundlage

Gegen Ende des 20. Jahrhunderts vollzog sich in der niederländischen Bevölkerung ein Bewusstseinswandel. Es entstand der Wunsch, neben der intensiven Landnutzung auch Bereiche zu entwickeln, in denen das Landschaftserleben von naturnahen Landschaften und den in ihr beheimateten Tier- und Pflanzenarten möglich ist. Frei nach Brecht[1] möchte ein Großteil der niederländischen Bevölkerung die Natur direkt vor der Haustür erleben. Natürliche Landschaften sollen für die Bevölkerung ohne Grenzen und Hindernisse erlebbar sein und der Erholung und Entspannung dienen können. Das vergleichsweise große Interesse der Niederländer am Naturschutz spiegelt sich auch in ihrem Engagement in Naturschutzverbänden wieder. So hat Naturmonumenten, eine niederländische nicht staatliche Naturschutzorganisation, eine Million Mitglieder, immerhin 1/16 der niederländischen Bevölkerung.

Rechtliche Voraussetzungen

Das niederländische Raumplanungsgesetz (Wet op de Ruimtelijke Ordening) und das Naturschutzgesetz (Natuurbeschermingswet) bilden die rechtliche Grundlage für den Schutz und die Entwicklung von Naturschutzflächen. Mit der Verabschiedung der Nota Ruimte[2] 2006, den Leitlinien für die räumliche Gesamtplanung der nächsten 20 Jahre, wurde der Aufbau des nationalen ökologischen Netzwerkes (Ecologische Hoofdstructuur, EHS[3]) verbindlich. Weitere Bestandteile der Nota

1 Herr K. und die Natur: Befragt über sein Verhältnis zur Natur, sagte Herr K.: «Ich würde gern mitunter aus dem Haus tretend ein paar Bäume sehen. Besonders, da sie durch ihr der Tages- und Jahreszeit entsprechendes Aussehen einen so besonderen Grad an Realität erreichen. Auch verwirrt es uns in den Städten mit der Zeit, immer nur Gebrauchsgegenstände zu sehen, Häuser und Bahnen, die unbewohnt leer, unbenutzt sinnlos wären. Unsere eigentümliche Gesellschaftsordnung lässt uns ja auch die Menschen zu solchen Gebrauchsgegenständen zählen, und da haben Bäume wenigstens für mich, der ich kein Schreiner bin, etwas beruhigend Selbstständiges, von mir Absehendes, und ich hoffe sogar, sie haben selbst für die Schreiner einiges an sich, was nicht verwertet werden kann.» «Warum fahren Sie, wenn Sie Bäume sehen wollen, nicht einfach einmal ins Freie?» Herr Keuner antwortete erstaunt: «Ich habe gesagt, ich möchte sie sehen a u s d e m H a u s t r e t e n d» (...) Bertolt Brecht.

2 engl.: National Spatial Strategy.

3 engl. National Ecological Network (NEN).

Ruimte sind u.a. die Agenda für eine lebenswerte Kulturlandschaft (Agenda for a Living Countryside[4]) und ein Entschneidungskonzept (Meerjarenprogramm Ontsnippering, MPJO).

Neben diesen nationalen Regelungen wird mit dem Abkommen über die biologische Vielfalt (CBD 1992) die Notwendigkeit und Umsetzung eines kohärenten nationalen ökologischen Netzwerkes begründet. Ein besonderes Gewicht bei der Umsetzung von Art. 1 CBD[5] wird auf die Konnektivität zwischen Habitaten gelegt, die mit dem nationalen ökologischen Netzwerk (EHS) erreicht werden soll.

Parlamentarische und gesetzliche Grundlagen zur Umsetzung des nationalen ökologischen Netzwerkes (EHS) und zur Entschneidung

1990 Das niederländische Parlament beschließt und genehmigt ein erstes staatliches Konzept zur Entwicklung von Natur und Landschaft: Naturschutzfachplan (Natuurbeleidsplan[6]). Ein wesentliches Mittel, um dieses Ziel zu erreichen, ist das Konzept des nationalen ökologischen Netzwerkes der Niederlande (EHS).

1999 Erweiterung des Nationalen ökologischen Netzwerkes (EHS) um die «robuusten Corridore»

2000 Der Naturschutzfachplan wird durch die Weiterentwicklung des Konzeptes mit dem Titel: «Natuur voor Mensen, Mensen voor Natuur»[7] (Natur für Menschen, Menschen für Natur) abgelöst. Dieses Konzept beinhaltet die politische Strategie für Natur-, Forst- und Landschaftsentwicklung im 21. Jahrhundert. Zuständig für die Umsetzung der Strategie sind die Provinzen und Stadtverwaltungen sowie verschiedene Ministerien. Ziel der Strategie ist, die Entwicklung einer räumlich wirksamen und sozial gerechten Landnutzung mit effizienten Maßnahmen zum Schutz, zur Wiederherstellung, zur Entwicklung und nachhaltigen Nutzung von Natur und Landschaft. Ein wesentliches Mittel, um dieses Ziel zu erreichen, ist das nationale ökologische Netzwerk (EHS). Mit «Natuur voor Mensen, Mensen voor Natuur» wurden als wesentliche Neuerung zusätzlich Verbindungselemente eingeführt: an terrestrische oder an feuchte Lebensräume (Niederungen und Flusstäler) gebundene Verbindungen für wenige, aber sehr mobile Arten (net-

4 Umsetzung der von den Niederlanden ratifzierten Landschaftskonvention.
5 Art. 1 CBD (...) the conservation of biological diversity, the sustainable use of its components and the fair and equitable sharing of the benefits arising out of the utiliziation of genetiv resources (...).
6 engl. Nature Policy Plan.
7 engl.: Nature for People, People for Nature.

work of green and blue) und Verbindungen, die für alle Arten der zu verbindenden Kerngebiete nutzbar sein sollten (robuust nature links, robuust corridors).

2001 Beginn eines mehrjährigen Entschneidungsprogramms (MJPO). Ziel des Programms ist es, in einem ersten Schritt die Identifikation von Konfliktschwerpunkten zwischen dem EHS und der bestehenden Infrastruktur, die Entwicklung von Lösungsmöglichkeiten und die Priorisierung von Handlungsfeldern unter standardisierten Bedingungen.

2004 Verabschiedung der Nota Ruimte durch das niederländische Parlament. Die Nota Ruimte enthält u. a. Karten mit den wesentlichen ökologischen Verbindungen, den bereits vorhandenen und den zukünftig zu entwickelnden Naturschutzflächen (Abbildung 2).

2005 Verabschiedung des mehrjährigen Entschneidungsprogramms (MJPO) durch das niederländische Parlament und Unterzeichnung durch das Ministerium für Landwirtschaft, Naturschutz und Ernährung,[8] das Ministerium für Verkehr, Öffentlichkeitsarbeit und Wasserbau[9] und das Ministerium für Raumplanung, Siedlung und Umwelt.[10] Bereitstellung von 410 Millionen Euro (160 Millionen Euro vom Ministerium für Landwirtschaft, Naturschutz und Ernährung und 250 Millionen Euro vom Ministerium für Verkehr, Öffentlichkeitsarbeit und Wasserbau) für Entschneidungsmaßnahmen (wie Grünbrücken, Unterführungen, Kleintiertunnel usw.) im bestehenden Infrastrukturnetz und Beginn der ersten Maßnahmen zur Aufhebung von bestehenden Zerschneidungen. Gewählt wurde ein regionalisierter Planungsansatz, mit dem ein abgestimmtes Vorgehen zur Wiederherstellung von Verbund sichergestellt werden soll (Abbildung 3).

Bis 2008 Entwicklung eines effizienten niederländischen Programms für Entschneidungsmaßnahmen einschließlich Monitoring und Forschung und Entwicklung von Richtlinien zur Umsetzung von Maßnahmen, Management und Kontrolle

Bis 2018 Beseitigung aller im Entschneidungsprogramm (MJPO) identifizierten Konfliktschwerpunkte, Präsentation erster Monitoring- und Forschungsergebnisse des MJPO in Politik und Öffentlichkeit,
Abschluss der planerischen und technischen Umsetzung des nationalen ökologischen Netzwerkes (EHS).

8 Ministery of Agriculture, Nature Management und Food Quality.
9 Ministery of Transport, Public Works and Watermanagement.
10 Ministry of Spatial Planning, Housing and Environment.

Das nationale ökologische Netzwerk (EHS)

Das EHS wurde für den Verbund von Ökosystemen entwickelt und nicht für einzelne zu schützende Tierarten. Mit dem nationalen ökologischen Netzwerk sollen räumlich kohärent die wichtigen und bedeutenden nationalen und internationalen Ökosysteme in den Niederlanden wiederhergestellt, entwickelt und geschützt werden. Im Naturschutzfachplan sind alle wesentlichen Ökosysteme genannt, die für den niederländischen Biotopverbund von Bedeutung sind (Bal et al., 2003). Das System wird aus verschiedenen Flächenkategorien gebildet:

Kernflächen (core areas)	sind große natürliche Flächen oder eine Anzahl kleinerer, aber untereinander vernetzter Gebiete, deren Wert von nationaler oder internationaler Bedeutung ist.
Ökologische Entwicklungsflächen (ecological development areas)	sind Flächen, die Kernflächen erweitern oder optimieren. Sie können aber auch so groß werden, dass sie selbst zu neuen Kernflächen werden. Entwicklungsflächen können sich zu neuen Kernflächen entwickeln. Beispielsweise sind hierin ehemalige landwirtschaftliche Flächen eingeschlossen.
Schutzgebiete (preservation areas)	sind Naturflächen, häufig landwirtschaftliche Flächen in privater Hand. Diese Flächen werden von hierfür bezahlten Landwirten so gepflegt, dass die wertvolle Flora und Fauna erhalten bleibt.
Verbindungsgebiete (Connection zones)	sind Strukturen, die Migration und Dispersal zwischen den verschiedenen Kerngebieten ermöglichen. Die Flächen können die Form von Korridoren oder Trittsteinbiotopen annehmen. Ihre Fläche und Gestaltung richtet sich u. a. nach den Verbreitungsmustern der verschiedenen Tierarten (-gruppen), deren Fortbewegung (terrestrisch oder fliegend) und ob vorwiegend Habitate kleiner oder größerer Tierarten verbunden werden sollen.
Puffer Zonen (Buffer zones)	Pufferzonen arrondieren Kernflächen, um sie gegen Randeffekte abzupuffern.
Lebensraumkorridore (robuust corridors)	sind terrestrische oder an feuchte Lebensräume (Niederungen und Flusstäler) gebundene Verbindungen für wenige, aber sehr mobile Arten (network of green and blue) und Verbindungen, die für alle Arten der zu verbindenden Kerngebiete nutzbar sein sollten (robuust nature links, robuust corridors). Die für diese Kategorie erforderlichen Flächengrößen liegen deutlich über den Flächengrößen, die für Verbindungsgebiete erforderlich sind.

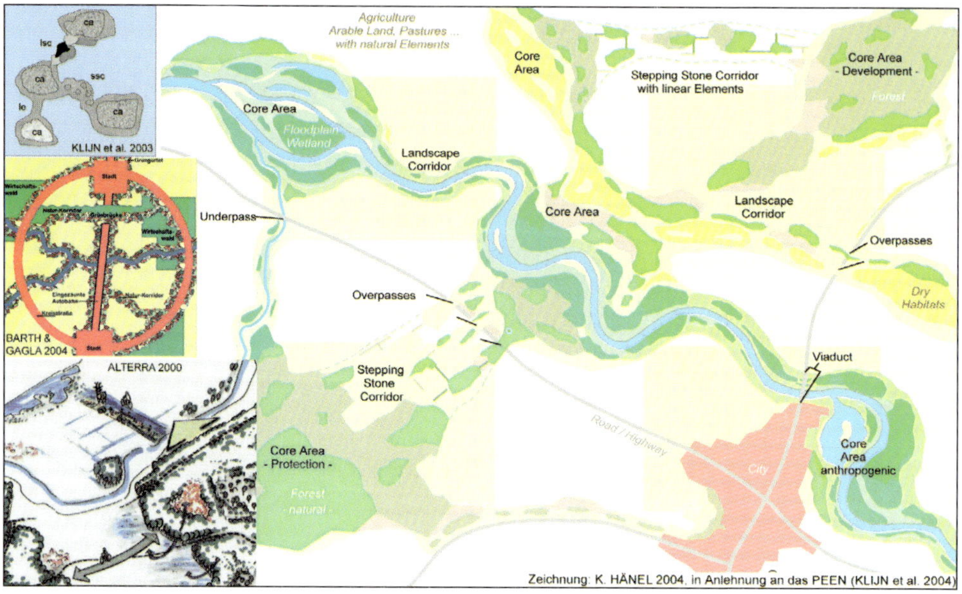

Abbildung 1: System von Flächenkategorien zur Planung eines kohärenten Netzwerkes von Naturschutzflächen. Quelle: Reck et al. (2005)

Bis 2018 sollen alle in der Nota Ruimte bezeichneten Flächen des nationalen ökologischen Netzwerkes (EHS) in den Verbund überführt werden. Die Gesamtfläche des reinen Verbundsystems liegt bei 730 000 Hektar. Der Flächenanteil bestehender Wälder und Naturgebiete umfasst 450 000 Hektar. Zu entwickelnde Flächen einschließlich der «robuusten Corridore» betragen 280 000 Hektar. Neben diesen Flächen werden dem nationalen ökologischen Netzwerk noch sechs Millionen Hektar von Lebensräumen der feuchtbewohnenden Arten zugerechnet. Hierzu zählen die Küstenbereiche, Seen, Flüsse, Estuare, das IJsselmeer, die niederländischen Bereiche des Wattenmeeres und die Küstenzone der Nordsee. Diese Flächen sind zum Teil als Vogelschutzgebiet oder FFH-Gebiet ausgewiesen. Im Netzwerk enthalten sind 750 000 Hektar FFH-Gebiete und eine Million Hektar Vogelschutzgebiete, die sich zum Teil überschneiden.

Neben Gebietserweiterungen sollen sich die Maßnahmen auch darauf konzentrieren, die ökologische Qualität der Gebiete zu verbessern und Beeinträchtigungen der Kohärenz des Netzes zu vermindern oder so weit als möglich aufzuheben.

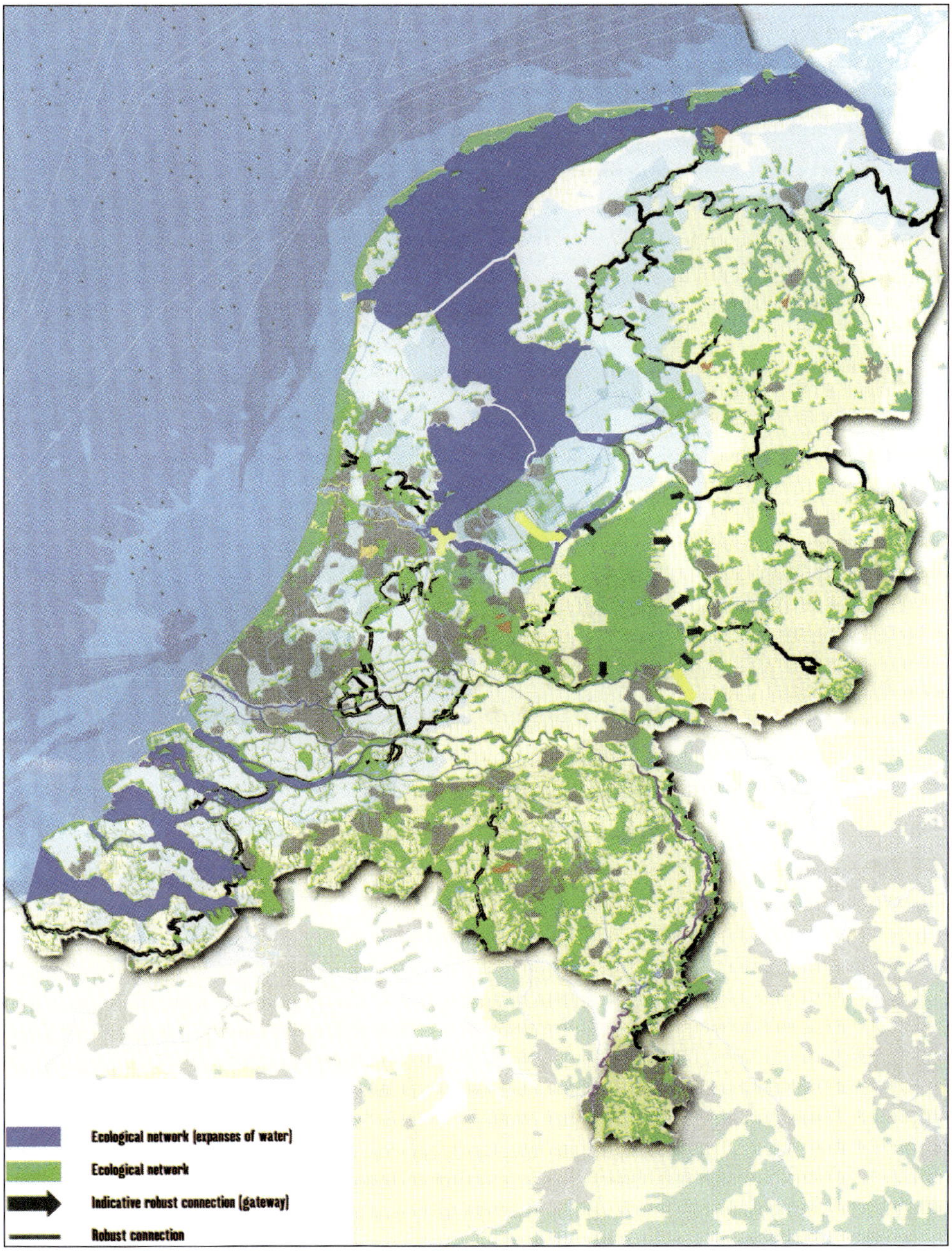

Abbildung 2: Nationales ökologisches Netzwerk (EHS). Quelle: Nota Ruimte

Das mehrjährige Entschneidungsprogramm

Eines der Programme, mit denen die Beeinträchtigung des nationalen ökologischen Netzwerkes (EHS) aufgehoben werden soll, ist das mehrjährige Entschneidungsprogramm (Meerjarenprogramm Ontsnippering, MJPO).

Die Notwendigkeit zur Aufhebung von Beeinträchtigungen des ökologischen Netzwerkes durch Infrastrukturmaßnahmen wird u.a. in der Agenda für eine lebenswerte Kulturlandschaft (*Agenda for a Living Countryside,*[11] 2004, S. 56) formuliert:

(...) migration and dispersal of animals and plants must no longer be impeded by the presence of roads, railways and waterways, in so far as such migration and dispersal is necessary to the sustainable survival of population at provincial, national and international levels (...).

Das Entschneidungsprogramm wird auch vom nationalen Verkehrsplan unterstützt: Danach sollen bis 2010 die an den Hauptstraßen bestehenden Konfliktschwerpunkte aufgehoben werden. Und bis 2020 sollen die wichtigsten Barrieren im EHS und in den «robuusten corridors» beseitigt sein. Zur Unterstützung der Institute und Behörden, die am Entschneidungsprogramm beteiligt sind, wurde das im Rahmen des COST (European Cooperation in the field of Scientific and Technical Response) 341-Programms erarbeitete Handbuch an die niederländischen Verhältnisse angepasst und übersetzt (Leidraad Faunavoorzieningen, 2006). Wichtige Inhalte sind die Begründung für Entschneidungsmaßnahmen (die ökologische Notwendigkeit), Lösungsmöglichkeiten und technische Detailinformationen.

Um einen Überblick zu bekommen, in welchen Bereichen das ökologische Netzwerk durch das bestehende Infrastrukturnetz erheblich beeinträchtigt wird, wurden verschiedene Analysen durchgeführt. Die Zerschneidungssituation der Niederlande konnte aber nicht nachvollziehbar dargestellt werden, weil die Konfliktschwerpunkte nicht nach einheitlichen Kriterien ermittelt worden waren.

Um einen einheitlichen und damit nachvollziehbaren Überblick über die Zerschneidungssituation des geplanten ökologischen Netzwerkes zu erhalten, wurde deshalb gemeinsam vom Ministerium für Landwirtschaft, Naturschutz und Ernährung, vom Ministerium für Verkehr, Öffentlichkeitsarbeit und Wasserbau und vom Ministerium für Raumplanung, Siedlung und Umwelt eine Entschneidungsanalyse in Auftrag gegeben. Ziel war es auch, die Überlebensfähigkeit bestimmter ausgewählter Indikatorpopulationen im vorhandenen Straßennetz nach einheitlichen Kriterien zu beurteilen. Auf der Basis dieser Erkenntnisse wurde in Verbindung mit zwei weiteren Kriterien eine Priorisierung der wichtigsten Konfliktschwerpunkte

11 Umsetzung der von den Niederlanden ratifzierten Landschaftskonvention.

vorgenommen. Die Dringlichkeit einer Entschneidungsmaßnahme wurde u.a. nach ihrer Effizienz als Einzelmaßnahme und nach ihrer Effizienz in Kombination mit weiteren Maßnahmen bestimmt.

Methode zur Priorisierung von Konfliktschwerpunkten (Entschneidungsanalyse)

In einem ersten Arbeitsschritt wurden auf der Basis eines eigens zu diesem Zweck entwickelten Expertenmodells (LARCH)[12] alle Bereiche ausgewählt, an denen die bestehende Infrastruktur die Überlebensfähigkeit wild lebender Populationen ausgewählter Arten beeinträchtigte (Van der Grift & Pouwels, 2006). Ergebnis dieser Analyse waren 1126 Bereiche an Fernstraßen, Landesstraßen, Eisenbahnstrecken und Wasserstraßen (Van der Grift et al., 2003).

Die Priorisierung der Konfliktschwerpunkte wurde anhand von 3 Kriterien vorgenommen:

- Konfliktschwerpunkte, an denen mit Entschneidungsmaßnahmen das Überleben von Populationen mit großer Wahrscheinlichkeit gesichert werden kann (Basis für diese Beurteilung waren die Ergebnisse des expertenbasierten Modells LARCH),
- Konfliktschwerpunkte, die in Workshops zusammen mit der lokalen Administration und Naturschutzgruppen auf Grundlage der Ortskenntnis ermittelt wurden,
- Konfliktschwerpunkte in für eine nachhaltige Entwicklung prioritären Gebieten (s.a. Agenda for a Living Countryside).

Mit dem ersten Kriterium wurden 74 (von 1126) Konfliktschwerpunkten als hoch prioritär ausgewählt. In den Workshops wurden 87 Problempunkte mit hoher Priorität ermittelt. Dabei deckten sich 34 der ermittelten Konfliktschwerpunkte mit den Ergebnissen aus der Anwendung von LARCH. 14 dieser 34 Problempunkte liegen in Gebieten, die für eine nachhaltige Entwicklung bestimmt sind. Diese 14 Punkte erhielten die höchste Priorität. Die Beeinträchtigungen an diesen 14 Punkten sollen bis 2010 aufgehoben werden.

Zusätzlich zu den 1126 Konfliktschwerpunkten wurden 1482 Bereiche ermittelt, die innerhalb der «robuusten Corridoren» liegen. 43 dieser Konfliktschwerpunkte wurden als hoch prioritär bewertet und in das Entschneidungsprogramm übernommen. Die ersten Maßnahmen zur Wiederherstellung von Verbund sollen 2006 beginnen.

---

12 LARCH (Landscape ecological Model and Rules for Configuration of Habitat).

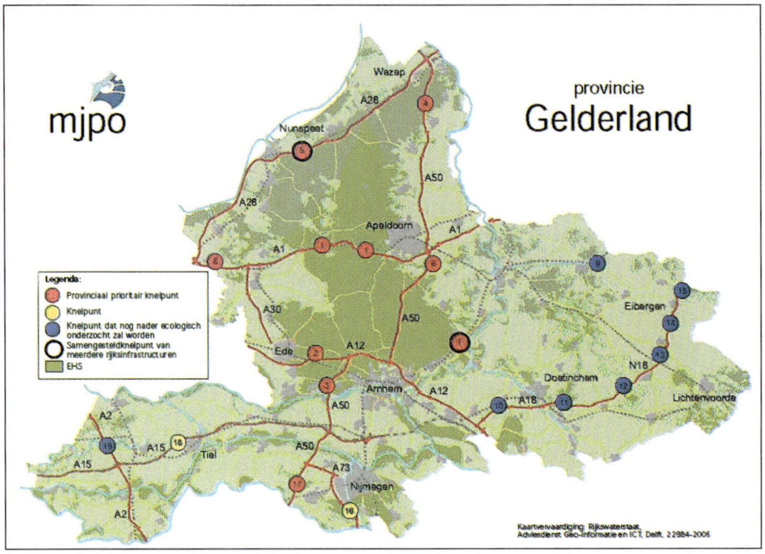

Abbildung 3: Karte mit Konfliktschwerpunkten zwischen dem EHS und dem bestehenden Straßennetz in Provinz Gelderland

Literatur

Bal et al., (2003): Handboek Natuurdoeltypen in Nederland.

Caution! Animals Crossing! Material zum Workshop on Habitat Defragmentation Measures vom 5.–8. April 2006 in den Niederlanden.

Grift, E.A. van der, R. Pouwels & R. Reijnen (2003): Meerjarenprogramm Ontsnippering: Knelpuntenanalyse. Alterra-rapport 768. Alterra, Wageningen.

Grift, E.A. van der, (2005): Defragmentation in the Netherlands: A success story? GAIA 14 (2): 144–147.

Grift, E. A. van der & R. Pouwels (2006): Restoring habitat connectivity across transport corridors: Identifying high-priority locations for de-fragmentation with the use of an expert-based model. In: *J. Davenport & J.L. Davenport* (eds.). The ecology of transportation: managing mobility for the environment: 205–231. Springer, Dordrecht, The Netherlands.

Grift, E.A. van der, C.C. Vos, B.J.H. Koolstra, H.Kuipers (2006): Meerjarenprogramm Ontsnippering en de Natte As – Quick-scan ontsnippernde maatregelen in robuuste verbindigen, Wageningen, Alterra, Alterra-rapport 1309.

Ministerie van Verkeer en Waterstraat, Rijkswaterstaat (2005): Leidraad faunavoorzieningen bij wegen, Mei 2005.

Kampf, Hans, Stavast Frank (2005): Committee of experts for the development of the Pan-European Ecological Network – Report on the implementation of the Pan-European Ecological Network, The Netherlands.

Reck H. et al. (2005): Lebensraumkorridore für Mensch und Natur – Initiativskizze. In: Heinrich Reck, Kersten Hänel, Marita Böttcher, Jörg Tillmann und Armin Winter: Lebensraumkorridore für Mensch und Natur – Naturschutz und Biologische Vielfalt 17, 12.

Raumordnerisches Leitprogramm der Niederlande: ‹*http://www.vrom.nl/get.asp?file=docs/*ruimte/NR_Samenvatting_Duits.pdf›

Ruben Huele, Cora Markensteijn (CML, Leiden University), *Hans Bekker* (RWS, DWW): Seeking a base for evaluation of defragmentation measures in: Caution! Animals Crossing! Material zum Workshop on Habitat Defragmentation Measures vom 5.–8. April 2006 in den Niederlanden.

Workingpaper: Ecological Networks: Experiences in the Netherlands; ‹*http://www9.minlnv.nl/pls/portal30/docs/folder/minlnv/lnv/staf/staf_dv/dossiers/mlv_npvn/soorten_gebiedsbescherming/mlv_npvn_natuurwetgeving_documenten/107046.pdf*›.

Anmerkung der Autorin:
Ich danke *Hans Bekker* (RWS, DWW) und *Edgar van der Grift* (Alterra) für wichtige Anmerkungen und die Durchsicht des Textes. *Hans Bekker* danke ich außerdem für die Überlassung der Karte: «Entschneidungspunkte in der Provinz Gelderland»

Überregional bedeutsame Wildtierkorridore in Österreich und ihre planerische Sicherung

Viktoria Reiss-Enz, Friedrich Völk

Wildtierkorridore sind notwendige, aber teure Bauwerke und müssen ökologisch und wirtschaftlich so effizient wie möglich eingesetzt als auch langfristig erhalten werden. Österreich, das Anfang der 90er Jahre die ersten Grünbrücken baute, hat dazu die nötigen planerischen Grundlagen geschaffen. Die neue Richtlinie «Wildschutz» soll sicherstellen, dass die Vorgaben auch eingehalten werden. Für die Zukunft ist es besonders wichtig, die Raumplanungsbehörden und Gemeinden verstärkt einzubinden. Dafür bedarf es fachlicher Informationen, aber auch politischen Drucks.

Ein gemeinsames Anliegen

Die naturschutzrechtlichen Bestimmungen der Europäischen Union (insbesondere die Flora-Fauna-Habitat-(FFH)-Richtlinie) verpflichten die Mitgliedstaaten zu einem Artenschutz, der über Schutzgebiete (z.B. Natura-2000-Gebiete) hinausgeht. So bestimmt der Artikel 10 der FFH-Richtlinie, dass auch verbindende Landschaftselemente zwischen Natura-2000-Gebieten, die die Wanderung, die geografische Verbreitung und den genetischen Austausch der Arten gewährleisten, gepflegt und im Rahmen der Landnutzungs- und Entwicklungspolitik gefördert werden sollen. Außerdem müssen die Mitgliedstaaten für bestimmte Tierarten (z.B. Bär, Luchs, Wolf, Wildkatze, Biber, Fischotter) in deren natürlichen Verbreitungsgebieten ein strenges Schutzsystem einführen, auch gegen Störungen während der Wanderungszeiten.

Diese beiden Verpflichtungen werden häufig auch den Schutz von Lebensräumen oder Biotopkorridoren erforderlich machen, die aus traditioneller naturschutzfachlicher Sicht eigentlich nicht als schutzwürdige oder gefährdete Biotope einzustufen sind, die aber auf wichtigen Genflussachsen bzw. Tierwanderwegen liegen. Ohne solche «ökologische Infrastruktur» würden die «Zentren» (Kerngebiete, Schutzgebiete usw.) isoliert und bliebe die Konzeption des Pan European Ecological Network bloßes Stückwerk.

Für die großräumig lebenden Wildtierarten, wie zum Beispiel Rotwild, Braunbär, Luchs und Schwarzwild, zählen in Österreich große zusammenhängende Waldgebiete zu den wichtigen Lebensräumen und Rückzugsgebieten. Die Vernetzung solcher Großwildpopulationen erfordert in unserer intensiv genutzten Kulturlandschaft einen gemeinsamen Konsens und überregionale sowie sektorenübergreifende Koordination, weit über Grundeigentums- und Verwaltungsgrenzen hinaus (Gemeinde- und Ländergrenzen), und es bedarf auch einer gewissen rechtlichen Harmonisierung föderalistischer Gesetzesmaterien. Wegen der Kompetenzverteilung in Österreich zwischen Bund (Umwelt, Forst, Wasser und Verkehr, z.B. Eisenbahn, Autobahnen, Wasserstraßen), Ländern (z.B. Raumplanung, Jagd, Naturschutz, Landesstraßen) und Gemeinden (örtliche Raumplanung) stellt eine solche Kooperation und Harmonisierung bisweilen eine anspruchsvolle Herausforderung dar. Das gilt besonders für die Absicherung überregionaler und nationaler sowie grenzüberschreitender internationaler «Genflusskorridore» – quer über zahlreiche dicht besiedelte Alpentäler hinweg.

Lebensraumfragmentierung in Österreich

Durch wachsende Siedlungen und Widmung von Betriebsgebieten sowie durch den Ausbau des übergeordneten Verkehrsnetzes droht den Wildtieren in Österreich vor allem außerhalb der Berggebiete sowie in den Haupttälern der Alpen eine kontinuierlich voranschreitende Trennung und damit Verinselung ihrer Lebensräume. Der Lebensraumverbund geht auch in Regionen mit geringer Bewaldung teilweise verloren, durch Verluste an Trittsteinbiotopen und Gehölzleitstrukturen in Wechselwirkung mit Verbauungen und diversen Zäunungen.

Bezüglich Autobahn- und Schnellstraßennetz wurde die Barrierewirkung bzw. die Durchlässigkeit für Wildwechsel in einer österreichweiten Untersuchung aufgezeigt (Völk et al. 2001) und in diesem Kontext auf zahlreiche weitere fragmentierende menschliche Aktivitäten hingewiesen. Die Studie enthält auch eine Zusammenstellung sämtlicher national und international bedeutsamer «Genflusskorridore» für Großwildarten in und durch Österreich. Anhand dieser Vorarbeiten können bei Planungen für den erforderlichen Ausbau der Verkehrsinfrastruktur mit nunmehr stark reduziertem Aufwand die wildökologisch heikelsten Abschnitte identifiziert und bereits frühzeitig der Mindestbedarf an Ausgleichsmaßnahmen (Wildquerungsmöglichkeiten) jeweils grob abgeschätzt werden.

Aus Unwissenheit werden immer wieder Gehölzkorridore quer über dicht besiedelte und landwirtschaftlich genutzte Täler für andere Nutzungen geopfert, obwohl diese wichtige Verbindungselemente zwischen den beidseitig gelegenen

Bergwäldern sind. Damit das Wesentliche zuerst geschieht, ist das Hauptaugenmerk vorerst prioritär auf den Verbund zwischen biogeografischen Regionen zu legen, beginnend bei der dauerhaften Vernetzung der österreichischen Alpen mit den Karpaten, mit den Dinariden sowie mit den bayerisch-böhmischen Bergwaldgebieten. Um ausreichende Möglichkeiten für den notwendigen «Genfluss» zu gewährleisten, sollen zwischen jedem dieser Kerngebiete jeweils möglichst mehrere, einander ergänzende und großräumig durchgängige «Mobilitätsachsen» für Wildtiere abgesichert bzw. wiederhergestellt werden.

Im Umgang mit den Grünland-«Reserven» fehlt bisher eine länderübergreifende wechselseitige Abstimmung zwischen den wichtigsten lebensraumrelevanten Planungen, Nutzungen und vor allem auch Förderungsinstrumenten (z.B. Extensivierungen, Flächenstilllegungen, Bodenschutzaufforstungen, Naturschutz-Sonderprogramme). Wünschenswert ist eine verbesserte bundesweite interdisziplinäre Koordination für die Optimierung von Planungsinstrumenten (z.B. UVP, Raumplanung) und Planungsprozessen.

Die Straßenplaner (Asfinag) zeigen sich sehr offen für das Anliegen sowie eine hohe Bereitschaft Wildquerungshilfen an übergeordneten Verkehrsträgern zu errichten. Leider ist es in Österreich bereits wiederholt vorgekommen, dass fest geplante Grünbrücken durch Umwidmung von benachbartem Grünland in Betriebsgebiet in ihrer Funktion stark beeinträchtigt oder sogar völlig wirkungslos gemacht wurden (z.B. nach Abschluss des UVP-Verfahrens für die S 31 im Bereich Stoob-Oberpullendorf). Bedingt durch Gemeindeinteressen waren somit geplante Querungshilfen bereits lange vor ihrer Fertigstellung eine Fehlinvestition.

Straßenverkehr und Wild – zur Chronologie in Österreich

In Österreich schenkte man ab den Sechzigerjahren des vorigen Jahrhunderts der Vermeidung von Wildunfällen im Straßenverkehr stark zunehmende Aufmerksamkeit. Ab den Achtzigerjahren wurden Untersuchungen über Wildunfälle und Wildschutzeinrichtungen stark forciert. Seit 1986 ist eine wildsichere Zäunung aller Autobahn-Neubauten verpflichtend vorgeschrieben. Die erstmalige Empfehlung zur Errichtung einer Grünbrücke in Österreich aus dem Jahr 1987 wurde damals nicht realisiert, was zu einer Unterbrechung des Alpen-Karpaten-Korridors in Österreich führte.

Ab Anfang der Neunzigerjahre wurden die ersten Grünbrücken zur Landschaftsvernetzung errichtet, und zwar sechs Landschaftsbrücken mit je 100 Metern Breite auf einem rund sechs Kilometer langen Abschnitt der Ostautobahn im Burgenland.

Abbildung 1: Grünbrücke an der A4, Burgenland.

Lange Zeit wurden Mobilitätsachsen großräumig lebender Wildarten (z.B. Rothirsche, Wildschweine sowie vereinzelt wiederkehrende Luchse und Braunbären) zu wenig berücksichtigt, weil Wildunfälle mit diesen Tierarten eher selten vorkommen. Die meisten dieser Wildarten verhalten sich beim Queren von Verkehrswegen viel umsichtiger als das Rehwild, das zudem auch deutlich toleranter gegenüber menschlichen Störungen ist.

Bei mehreren Umweltverträglichkeitsprüfungen (UVP) für Straßenprojekte (z.B. B 301, S 31, A 9, B 1) wurden seither Wildquerungshilfen geplant. Im Rahmen der Verfahren gab es allerdings keine rechtlichen Möglichkeiten zur raumplanerischen Absicherung der beiderseits weiterführenden Biotopkorridore. Im Umfeld von mehreren geplanten Grünbrückenstandorten forderten Gemeinden eine Umwidmung von Grünland in Betriebsgebiet, wodurch Wildquerungsmöglichkeiten in ihrer Funktion beeinträchtigt oder sogar völlig wirkungslos werden.

Die um ein ausführliches Kapitel über Wildtierpassagen und Wildquerungshilfen und deren Funktionserhaltung erweiterte Richtlinie Wildschutz (RVS 04.03.12) wird zurzeit gerade begutachtet. Bei der Planung der Verbindungsstraße Richtung Bratislava wurden im UVP-Verfahren die wildökologischen Standards der Richtlinie bereits umgesetzt. Allerdings ergab sich auch im Rahmen dieses Projektes wieder ein Umwidmungswunsch einer Gemeinde, der eine gravierende Entwertung der wichtigsten Grünbrücke zur Folge gehabt hätte.

Dieses aktuelle Beispiel macht erneut klar, dass künftig die Planung und Errichtung von Wildquerungshilfen mit der raumplanerischen Absicherung der Biotopkorridore einhergehen muss, um deren Funktion langfristig abzusichern. Eine Chance dafür kann eine projektbegleitende Planung der Raumentwicklung (Landschaftsplanung) bieten, die koordiniert von der überregionalen Raumplanung in Abstimmung mit den betroffenen Gemeinden und den Infrastruktur-Projektwerbern erarbeitet wird.

Besonders erfreulich ist, dass im Rahmen eines Projektes des EU-Programms LIFE in Kärnten eine Grünbrücke über die bestehende Südautobahn (A2) «nachgerüstet» wurde (Infos unter *http://www.schuett.at/life/massnahmen_gruenbruecke.php*).

Ökologisierung der Verkehrsinfrastruktur international

Erkenntnisse aus Forschung und Praxis wurden vom Expertennetzwerk «Infra Eco Network Europe» sowie von COST (European Cooperation in the field of Scientific and Technical Response) 341 gesammelt und aufbereitet (Infos unter *http://www.iene.info* und *http://www.cordis.lu/cost-transport/src/cost-341.htm*). Die Ergebnisse der österreichischen Grünbrückenstudie flossen ebenfalls in diesen Internationalisierungsprozess ein.

Als Impuls für die Wiederherstellung der mitteleuropäisch bedeutsamen Alpen-Karpaten-Genflussachse wurde der in der Slowakei unterbrochene Teilabschnitt östlich des Grenzflusses March gemeinsam mit der Slowakischen Akademie der Wissenschaften Bratislava analysiert (Völk et al. 2000). Die Ergebnisse enthalten sowohl landschaftsplanerische Vorschläge als auch Empfehlungen für die Errichtung von Grünbrücken an der grenznahen slowakischen Autobahn zwischen Bratislava und Tschechien (E 65), die für Großwildarten nach Abbau des Eisernen Vorhangs die einzige massive Barriere zwischen Ostösterreich und den Karpaten darstellt. Die progressive wirtschaftliche Entwicklung in der Westslowakei führt allerdings zu erhöhtem Flächenbedarf für Betriebsansiedlungen sowie für die Siedlungsentwicklung, so dass ausreichende Grünlandkorridore noch vor der Errichtung der empfohlenen Grünbrücken abgesichert werden müssen, um nicht später teure Querungsmöglichkeiten an Standorten zu bauen, die für das Wild womöglich schwer erreichbar sind.

Ermutigende Signale aus einigen Bundesländern

In Österreich konnte im Rahmen der «Strategischen Partnerschaft Lebensraumvernetzung» eine Erfolg versprechende Entwicklung eingeleitet werden: Die überörtliche Raumplanung beim Amt der Steiermärkischen Landesregierung wurde in der planerischeren Absicherung von Wildkorridoren aktiv. Bei der landesweiten Revision der regionalen Entwicklungsprogramme werden die überregional und international wichtigen Wildtierkorridore in den Plänen ausgewiesen, um sie als Grünzonen abzusichern. Fachleute mehrerer Institutionen haben eine stark vereinfachte Anleitung bzw. ein gerafftes Ablaufschema für eine empfehlenswerte Vorgehensweise zur Lebensraumvernetzung in Österreich erarbeitet. Sie soll diese Initiative unterstützen und weitere solche Aktivitäten in anderen Bundesländern anregen (in Form einer «Punktation» über «Wildtierkorridore in Österreich», abrufbar im Internet unter *http://www.bundesforste.at/index.php?id=166).*

Gestaltungsvorschlag für überregional bedeutsame Wildkorridore

Wenn die Erhaltung von Wildkorridoren gelingen soll, sind als Voraussetzung operational definierte Mindeststandards aus wildökologischem Blickwinkel erforderlich. Denn eine zentrale Frage für die planerische Absicherung ist: Welche Eigenschaften sollen solche Korridore an ihren Engstellen aufweisen, wo sie dichter besiedelte und vom Menschen intensiv genutzte «Zivilisations»-Landschaften durchqueren? Für diese Aufgabe ist eine interdisziplinäre Zusammenführung der Ansprüche verschiedenster Tierarten(gruppen) zweckmäßig, um optimale Ergebnisse zu erzielen. Der hier vorliegende Gestaltungsvorschlag für Großsäuger soll als Impuls für die Entwicklung solcher Mindeststandards verstanden werden. Eine verbindliche Verankerung von überregional durchgängigen Biotopkorridoren als Genflussachsen für Wildtiere (in der Steiermark z. B. im Landes-Entwicklungsprogramm für Natur- und Landschaftspflege) ist wünschenswert und entspricht der Intention von Artikel 10 der FFH-Richtlinie.

Damit «Biotopkorridore» auch von stärker an den Wald gebundenen oder störungsempfindlichen Großwildarten als Mobilitätsachsen bzw. Ausbreitungskorridore genutzt werden, wie zum Beispiel von Braunbär, Luchs oder Rotwild, erscheinen aus wildökologischem Blickwinkel folgende Aspekte wichtig: Bezüglich erforderlicher *Breite der Grünzonenkorridore* zwischen verbauten Gebieten sollen rund 500 bis 1000 Meter angestrebt werden, um gutes Genflusspotenzial für größere terrestrische Säugetiere sicherzustellen (die meist auch großräumig lebende Wildarten sind). Wo dies wegen Bebauung oder unveränderbarer Baulandwidmung nicht mehr möglich ist, lässt sich durch zielorientierte Gestaltung eine wildökologische Korridormindestfunktion auch bei etwas geringerer Breite noch sicherstellen, sofern der Korridor dann nicht durch Menschen (z.B. Freizeitaktivitäten) und Hunde nachhaltig gestört und damit für Wildtiere unattraktiv wird. Vor allem zu den Dämmerungszeiten und während der Nacht ist Ungestörtheit besonders wichtig. Ein gestreckter Verlauf ist vor allem bei überregionalen Genflussachsen vorteilhaft (Richtungsänderungen solcher «Direktverbindungen» jedenfalls möglichst geringer als 45 Grad), um die Wahrscheinlichkeit für «Fernmigrationen» großräumig wandernder Einzeltiere nicht in Frage zu stellen.

Abbildung 2: Grünbrücke Vils, Tirol.

Als *Gestaltungsmaßnahmen* sind vor allem bei schmalen Korridoren vorzusehen: dichte Bepflanzung an beiden Außenrändern des Korridors, möglichst je 50 bis 100 Meter breit; keine «durchsichtigen» Baumbestände, sondern z.B. dorniges Gebüsch oder wintergrünes Nadelgehölz; erwünschte Höhe des möglichst ganzjährig Deckung bietenden Dauerbewuchses: rund 3 bis 6 Meter; darüber ist eine Baumschicht vorteilhaft, vor allem wenn dadurch Lichteinfall in den zentralen Korridorbereich aus bebautem Gebiet abgeschirmt wird; dazwischen sollte ein «durchsichtigerer» Mittelstreifen als «Blickachse» für das Wild erhalten werden, z.B. ausgestattet mit attraktiver Bodenvegetation und allenfalls mit gut versteckten Wasserstellen am Anfang und am Ende des schmalen Korridorteiles (als Anziehungspunkt für das Wild beim Zuwechseln).

Aus den Angaben ist ersichtlich, dass sogar ein schmaler Korridor mit nur 250 bis 300 Meter Breite für zahlreiche Tierarten ausreichend sein kann, wenn im daran angrenzenden Bereich keine das Wild abschreckenden Dinge passieren. Je enger ein solcher Korridor ist, desto größere Bedeutung hat die Existenz von Trittsteinbiotopen (z. B. größere Feldholzinseln) und von guten, Sicherheit bietenden Leitstrukturen (z. B. Gehölzstreifen, breite Windschutzgürtel, uferbegleitende Buschzonen), die das Wild auch in gering bewaldeten Landschaftsteilen auf das Nadelöhr hinleiten.

Wo Wildkorridore unmittelbar an größere zusammenhängende Waldkomplexe anschließen, kann z. B. eine Elektrizitäts-Leitungstrasse durch den Wald gute Leitfunktion haben, wenn sie direkt auf das Nadelöhr zuführt und sich ihr Bewuchs vom Umfeld deutlich unterscheidet. Auch Forststraßen oder Wirtschaftswege können für manche Tierarten als Leitelement vorteilhaft sein, sofern sie nur wenig befahren werden. Wenn die Wildtiere im Bereich einer Engstelle des Korridors auch noch einen stärker frequentierten Verkehrsträger queren müssen, wie z. B. in zahlreichen Alpentälern, ist eine Wildüber- oder -unterführung höchst vorteilhaft. In diesem Fall soll der besser überblickbare Zentralbereich des Korridors («Blickachse» mit weniger Gehölzbewuchs) direkt auf die Wildpassage zuführen. Kreativität und Gespür für Tier *und* Mensch sind bei den Gestaltungsmaßnahmen insofern erforderlich, als häufige menschliche Störungen auf den Korridoren durch gestalterische Raffinesse bewusst gering gehalten werden können.

Eine österreichweite Darstellung der Habitatvernetzung anhand einer GIS (Geografisches Informationssystem)-Modellierung aus Satellitenbildern wird im Internet angeboten *(http://ivfl.boku.ac.at/projekte/woek)*. Nicht erfasst werden können damit: menschliche Störungsquellen bzw. stark beunruhigte Zonen (z. B. viele Spaziergänger mit Hunden in wildökologisch wichtigen Grüngürteln) sowie mechanische Barrieren (Zäune, Geländesprünge über zwei Meter Höhe, z. B. Stützmauern entlang von Bergstraßen, Bahnlinien, Flussufern usw.) im Bereich von ansonsten gut geeigneten Landschaftskorridoren. Personalintensive «Knochenarbeit» bleibt auch die Beurteilung der wildökologischen Eignung von Brücken (Wildunterführungen) als «Nadelöhre» für den Wildwechsel quer zu barrierewirksamen linearen Verkehrsträgern sowie das Zusammentragen der unverzichtbaren Erfahrungen von Ortskundigen über den Verlauf traditioneller Wildwechsel von überregionaler Bedeutung.

Abbildung 3: Als Wildunterführung geeignetes Brückenbauwerk an der B 100 in Kärnten.

Gut vorbereitet in die Zukunft

Die intensive wissenschaftlich-methodische und planerisch-theoretische Aufbereitung der Thematik sowie die Zusammenschau im Rahmen von COST 341 hat in den letzten Jahren gute Voraussetzungen geschaffen, um in Zukunft anhand von Empfehlungen und Mindeststandards die praktische Umsetzung voranzutreiben, d.h. Wildtierkorridore bei raumrelevanten Entscheidungen vor Ort verstärkt zu berücksichtigen (z.B. Köhler et al. 2005, Laass & Wöss 2005, Proschek 2005).

Zahlreiche Initiativen machen deutlich: Die Aktualität und Brisanz des Themas ist erkannt worden. Und das ist angesichts des vielerorts überbordenden Flächenverbrauchs in unserer Zivilisationslandschaft auch wichtig. Die Zeit drängt, denn nicht nur die Verinselung von größeren zusammenhängenden Wäldern geht sukzessive weiter, sondern auch die Vernetzung von europäisch bedeutsamen Schutzgebieten kann bei ungebremst voranschreitender Fragmentierung gefährdet sein. Jedes größere Infrastrukturprojekt braucht deshalb eine projektbegleitende Planung der Raumentwicklung (Landschaftsplanung), die koordiniert von der überregionalen Raumplanung auf Landesebene sowie in Abstimmung mit den betroffenen Gemeinden und mit den Projektwerbern durchgeführt wird. Darüber hinaus bedarf es einer internationalen Koordination zur Sicherung eines europaweiten Biotopverbunds.

Im Rahmen eines Kooperationsprojektes zwischen ASFINAG (Autobahnen- und Schnellstraßen-Finanzierungs-Aktiengesellschaft) und der Umweltschutzorganisation WWF zur Wiederherstellung eines Biotopverbundes wurde versucht, für die 27 Bauwerke, die in der Grünbrückenstudie von Völk et al. (2001) als Mindestbedarf an Nachrüstungen im höherrangigen Straßennetz in Österreich festgestellt wurden, anhand objektiver Kriterien eine Priorisierung vorzunehmen bzw. eine Stärken-Schwächen-Analyse durchzuführen. So wurden in einer ersten Phase einerseits Wildtierkorridore für waldgebundene Tierarten identifiziert und andererseits die Verbreitungsdaten für die untersuchten Tierarten (Bär, Luchs, Wolf, Elch und Rothirsch) zusammengeführt und kartografisch aufbereitet. Dafür wurden bestehende Vorarbeiten (u.a. Völk et al. 2001 und Köhler et al. 2005) zusammengeführt. Die relevanten Korridore, die das höherrangige Straßennetz barrierewirksam durchtrennen, wurden bewertet.

Das Ergebnis ist weniger eine eindeutige Prioritätenreihung von Bauwerken, als eher eine Stärken-Schwächen-Analyse, die als Grundlage für die strategische Planung der ASFINAG dienen kann.

In der RVS 04.03.12 «Wildschutz» ist die Vorgabe zur Sicherung der Funktionalität von Wildtierpassagen (WTP) enthalten. Aus Gründen der Kostenersparnis müssen die vorhandenen Wildtierpassagen in ihrer wildökologischen Eignung erhalten werden. Ausgleichsmaßnahmen, mit denen einmal verloren gegangene Querungsmöglichkeiten ersetzt werden müssen, sind wesentlich teurer als die Erhaltung der Funktionalität vorhandener Wildtierpassagen.

In einer Auftragsarbeit wurden deshalb ausgewählte Wildtierpassagen am Autobahn- und Schnellstraßennetz, das nahezu vollständig eingezäunt ist, einer Funktionalitätsprüfung unterzogen (Kriterien nach Völk et al. 2001) und darauf aufbauend eine «Checkliste» erarbeitet (Pfeifer & Schmitz 2006), die eine standardisierte Auswertung und regelmäßige systematische Kontrolle der wildökologischen Eignung von Wildtierpassagen ermöglicht, v.a. Beeinträchtigungen der Nutzbarkeit für Wildtiere. Dadurch soll die künftige Funktionserhaltung von Wildtierpassagen effizient sichergestellt werden.

Zusammenfassung

Wildtierpassagen sind Bauwerke zur Bereitstellung einer «ökologischen Infrastruktur» im Bereich von Wildtierkorridoren, die als «Lebensadern» für die Fauna erforderlich sind. Diese kostenintensiven Bauwerke müssen nach ökologischen und wirtschaftlichen Kriterien möglichst effizient eingesetzt und langfristig in ihrer Funktionalität erhalten werden. Die dazu nötigen Vorgaben, Kriterien, Planungsgrundlagen und Arbeitsbehelfe stehen in Österreich nunmehr zur Verfügung. Ihre fachgerechte Anwendung wird künftig durch eine neue Richtlinie «Wildschutz» sichergestellt.

Für den Schutz und die Erhaltung von Wildtierkorridoren in unserer intensiv genutzten Kulturlandschaft müssen die Raumplanungsbehörden und Gemeinden verstärkt eingebunden werden. Deren Verständnis und Engagement für dieses Anliegen ist regional bereits vorhanden und muss durch fachliche Informationen und politischen «Druck» zugunsten von Wildtierkorridoren dringend weiterentwickelt werden. Wir brauchen deshalb jetzt – mehr denn je – eine engagierte strategische Partnerschaft für Lebensraumvernetzung.

Literatur

Grillmayer, R./Wöss, M./Schacht, H. & Völk, F. (2001): Baulandverteilung und Hauptverkehrsachsen als Barrieren für große Säugetiere. In: Umweltbundesamt Wien (Hrsg.): Versiegelt Österreich? Der Flächenverbrauch und seine Eignung als Indikator für Umweltbeeinträchtigungen. Tagungsberichte/Conference Papers, Band 30: 63–72.

Köhler, C./Grillmayer, R. & Völk, F. (2005): Habitatvernetzung in Österreich. Expertenbasierte GIS-Modellierung von Mobilitäts-Widerstandswerten für waldbevorzugende, wild lebende Großsäuger. Institut für Vermessung, Fernerkundung und Landinformation; BOKU Wien. Hochauflösende Darstellung Österreichs unter ‹*http://ivfl.boku.ac.at/projekte/Woek_Austria/htm/frame*›.

Laass, J. & Wöss, M. (2005): Bestehende Lebensraumvernetzung für Braunbären im österreichischen Alpenraum und Möglichkeiten zu ihrer Sicherung mit Mitteln der Raumplanung. In: Der Braunbär in Österreich III. Aktueller Status, Lebensraum und Strategien für die Zukunft. Umweltbundesamt. Report Rep-0014. Wien. 42–51.

Österreichische Forschungsgemeinschaft Straße und Verkehr (1997): Richtlinie RVS 3.01 Straßenplanung, Umweltschutz, Wildschutz. Wien. 9 Seiten. (Bestellung: Tel. 0043-1-5855567; *office@fsv.at).*

Pfeifer, M. & Schmitz, P. (2006): Überprüfung der wildökologischen Funktionsfähigkeit von Wildtierpassagen an Autobahnen und Schnellstraßen in Österreich. Im Auftrag der ASFINAG erstellt vom Büro am Berg. Afritz. 14 Seiten und Karten- und Foto-CD.

Proschek, M. (2005): Strategische Planung für die Lebensraumvernetzung in Österreich mit besonderer Berücksichtigung des Braunbären. In: Der Braunbär in Österreich III. Aktueller Status, Lebensraum und Strategien für die Zukunft. Umweltbundesamt. Report Rep-0014. Wien. 52–56.

Reimoser, F. (1996): Wildökologische Raumplanung für Schalenwildarten im Alpenraum. In: Sauteria, Band 8, Salzburg. 207–220.

Völk, F. / Glitzner, I. / Zeiler, H. & Reiss-Enz, V. (1998): Wildwechsel trotz gezäunter Autobahnen. Österreichs Weidwerk, Heft 1: 14–16.

Völk, F. / Glitzner, I. & Wöss, M. (2001): Kostenreduktion bei Grünbrücken durch deren rationellen Einsatz. Kriterien – Indikatoren – Mindeststandards. Straßenforschung Heft 513. 97 Seiten und Anhang. Bundesministerium für Verkehr, Innovation und Technologie. Wien. (Bestellung bei: Österreichische Forschungsgemeinschaft Straße und Verkehr; *office@fsv.at*).

Völk, F. / Kalivodova, E. / Kürthy, A. / Glitzner, I. / Kalivoda, H. & Wöss, M. (2000): Wildtier-Korridor Alpen-Karpaten – slowakischer Teilbereich: Staatsgrenze Österreich bis östlich der Autobahn E 65. Schlussbericht des Projektes Nr. 29s17 der Aktion Österreich-Slowakei. Institut für Wildbiologie und Jagdwirtschaft der Universität für Bodenkultur Wien und Institut für Landschaftsplanung der Slowakischen Akademie der Wissenschaften Bratislava. 42 Seiten.

In der Schweiz fanden Umweltschützer und Straßenbauer eine gemeinsame Sprache

Antonio Righetti

Auch in der Schweiz standen sich Umweltschützer und Straßenbauer lange Zeit kompromisslos gegenüber. Inzwischen ist es dort gelungen, Einsicht dafür zu wecken, dass Querungshilfen geschaffen werden müssen, um die Situation der Tiere zu verbessern. Mehr noch: Die Akteure fanden zu einer gemeinsamen Sprache und konnten sich auf konkrete Projekte verständigen und darüber, wie sie dimensioniert werden sollen. In den nächsten 10 bis 15 Jahren sollen zu den 24 schon vorhandenen 51 weitere Wildtierpassagen hinzukommen. Eine Mehrheit der Kantone ist inzwischen in die Arbeiten einbezogen.

Die Landschaft der Schweiz ist mannigfaltig und zeichnet sich durch eine große Vielfalt der oberflächlichen Formen aus. Die Großräume Jura, Mittelland und Alpen manifestieren diese Unterschiede augenfällig. Strukturgebende Elemente wie Wälder, Wiesen, offene Flächen oder Gewässer sind mosaikartig in der heutigen Landschaft verteilt. Sehr viele Tierarten nutzen im Verlauf eines Jahres- oder Lebenszyklus verschiedene dieser Landschaftselemente. Da auch Ressourcen (Geschlechtspartner, Nahrung, Ruheplätze usw.) ungleichmäßig in der Landschaft verteilt sind, setzen sich die Lebensräume (Habitate) vieler Arten auch aus verschiedenen Landschaftselementen zusammen. Eine Vernetzung – und damit die Erreichbarkeit – der verschiedenen Landschaftselemente und Ressourcen stellt darum eine entscheidende Überlebensgrundlage für die meisten Arten dar. Tiere müssen sich also immer über größere oder kleinere Distanzen fortbewegen können. Dabei unterscheidet man Bewegungen innerhalb und zwischen Populationen.

Diese naturräumliche Gliederung, namentlich im Mittelland sowie in den Tälern des Juras und der Alpen, wird durch die menschliche Nutzung überlagert (Ewald 1978).

Mit der Zunahme des Siedlungsraumes und der Intensivierung der Landwirtschaft wurde die organisch gewachsene Kulturlandschaft zerstört. Der Lebensraum für die Fauna wurde verkleinert, die verbliebenen Reste sind zerstückelt.

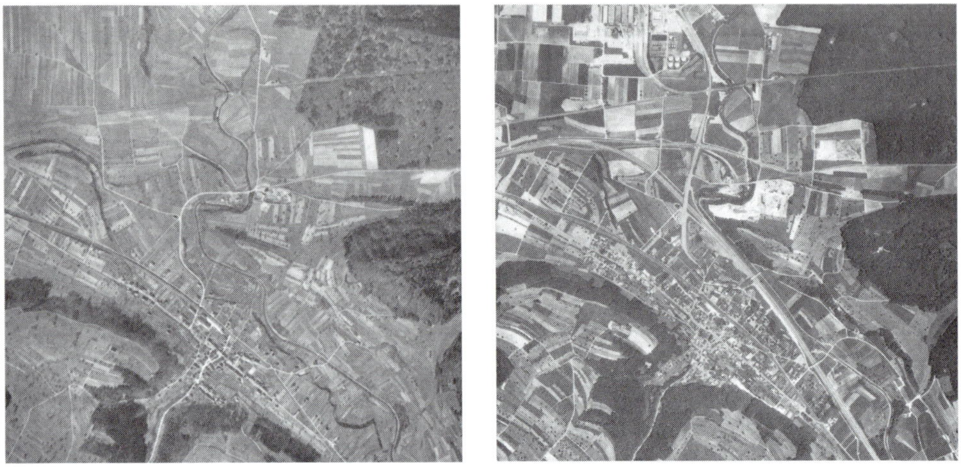

Abbildung 1: Bild links zeigt das Gebiet von Eiken im Jahre 1953, das Bild rechts ist eine Aufnahme aus dem Jahre 1976. Quelle: Ewald 1978

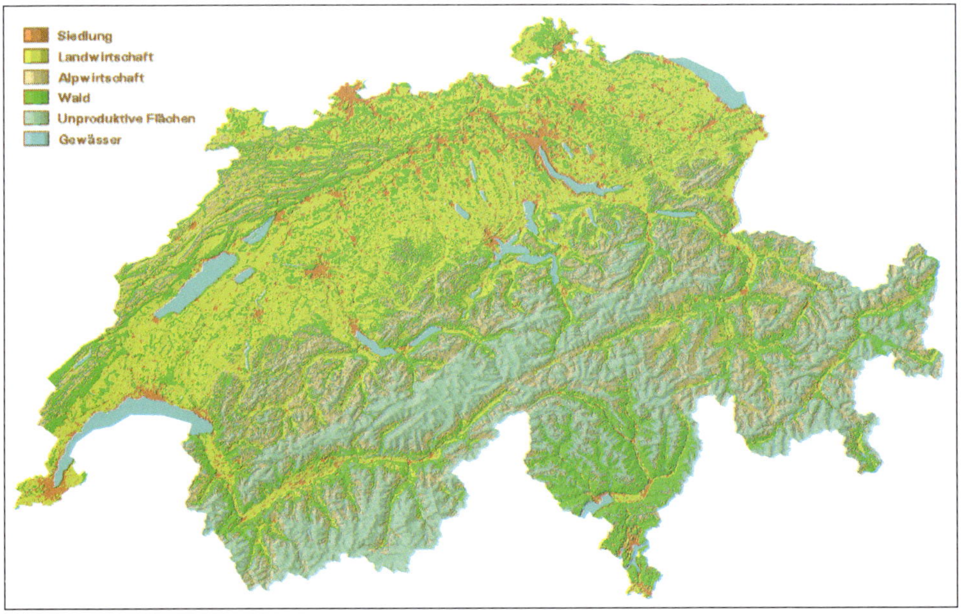

Abbildung 2: Bodennutzungskarte. Quelle: BFS, Arealstatistik 2000

Diese Entwicklung widerspiegeln auch zahlreiche statistische Daten:
- zwischen 1965 und 1985 nahm die Maisanbaufläche (Körner- und Silo-/Grünmais) von 9582 Hektar (ha) auf 63 841 ha zu (Bundesamt für Statistik (BFS) 1999);
- zwischen 1981 und 1991 sank der Bestand von Feldobstbäumen um rund 25 Prozent (Bundesamt für Raumplanung (BRP) & Bundesamt für Umwelt, Wald und Landwirtschaft (BUWAL) 1994);
- zwischen 1984 und 1995 wurden pro Jahr rund 29 km Bachläufe verbaut und/oder begradigt (BFS & BUWAL 1997);
- zwischen 1972 und 1989 wurden jährlich 70 km offene Bachläufe eingelegt (BRP & BUWAL 1994);
- die jährliche Flächenbeanspruchung für Siedlungen, Bauten und Anlagen stieg von 1225 ha in der Periode 1972–1983 auf 1685 ha in der Periode von 1987–1989 an (BRP & BUWAL 1994).

Ein weiterer Faktor für die Fragmentierung der Landschaft und der Lebensräume ist der Verkehr und allen voran das dichte Straßennetz. Bei einem Durchschnittswert von 2,69 km/km2 ist das Straßennetz der Schweiz eines der dichtesten Europas – im Mittelland sind sogar Spitzenwerte von 6 bis 7 km/km2 keine Seltenheit.

Jahr	1960	1970	1980	1990	2004
Hauptstraßen	55 822	59 488	65 374	69 475	69 486
Autobahnen	112	651	1170	1495	1706

Abbildung 3: Entwicklung der Länge der Hauptverkehrsträger in der Schweiz seit 1960. (Kantons- und Gemeindestraßen zusammen ergeben die Kategorie Hauptstraßen. Nicht berücksichtigt sind rund 80 000 km Privat- und Forststraßen. Alle Angaben in km). Quelle: Oggier et al., 2001.

Da der Verkehr die Wirkungen, die vom Siedlungs- und Landwirtschaftsdruck ausgehen, ergänzt oder noch verstärkt, ist er für viele Tierarten besonders schwer wiegend. Ein Beispiel aus dem Berner Mittelland unweit von Bern: Eine kleine Population von Gämsen verschwand nur wenige Jahre nachdem eine neu gebaute Autobahn die für ihren Fortbestand nötige Zuwanderung unterband (Righetti 1997).

Insgesamt wird in der Schweiz pro Sekunde ein Quadratmeter Boden verbaut. Ein Ende dieser Entwicklung ist nicht absehbar, und die Zahlen in Abbildung 4 zeigen, dass naturnahe Flächen – mit Ausnahme der Waldfläche – auch in Zukunft abnehmen werden.

Nutzungsform (%)	1999	2005
Siedlung (inkl. Verkehrsträger)	5,9	6,8
Landwirtschaft	24,6	23,9
Alpwirtschaft	13,7	13,0
Wald	30,3	30,8
Unproduktive Flächen	21,3	21,3
Gewässer	4,2	4,2

Abbildung 4: Bodennutzungsstatistik der Schweiz in Prozenten . Quelle: BFS 1999, BFS & BUWAL 2005

Maßnahmen zur Minderung der Landschaftszerschneidung im Überblick

Seit 1993 wird versucht, mit Direktzahlungen an Landwirte ökologisch wertvollere Flächen zu fördern oder zu erhalten. Mit der 2001 in Kraft getretenen Ökoqualitätsverordnung in der Landwirtschaft werden zudem nicht nur qualitative Lebensraumkriterien (zum Beispiel artenreiche Wiesen), sondern auch die Vernetzungsfunktion eines Lebensraums honoriert.

Die großräumige Vernetzung bedarf jedoch weiterer Maßnahmen. Beispielen aus dem Ausland folgend, forderten Umweltschützer schon in den 80er Jahren des letzten Jahrhunderts Wildtierpassagen. Sie stießen damit jedoch lange auf die Ablehnung der Straßenbauer. Der Weg zu den ersten Wildtierpassagen in den 90er Jahren war lang und gesäumt von zahlreichen Positionskämpfen – zuerst, ob diese überhaupt notwendig seien und dann wie sie dimensioniert sein sollten. Verschiedene Publikationen halfen, die Situation zu entspannen und gemeinsame Lösungen zu suchen; schließlich zeigten alle beteiligten Akteure Einsicht.

Die wichtigsten Arbeiten und Veranstaltungen, die die Entwicklung in der Schweiz voranbrachten:

Müller & Berthoud 1995 (Fauna und Verkehr): In ihrem Handbuch haben die Autoren Maßnahmen zur Unfallminimierung entwickelt.

SGW 1995 (Wildtiere, Straßenbau und Verkehr): Lebensraumverlust, Immissionen und Barrierewirkung sind Konfliktpunkte für unsere größeren Säugetierarten und werden im Bericht erläutert. Für wildtierspezifische Bauwerke als Lösung müssen Standort sowie die Gestaltung der Umgebung beachtet werden.

Righetti 1997 (Passagen für Wildtiere): In der Publikation werden entlang des 1540 km langen Nationalstraßennetzes 51 Abschnitte identifiziert, bei welchen mit baulichen Maßnahmen an der Straße, aber auch mit einer ökologischen Aufwertung der Umgebung die Situation der Wildtiere verbessert werden kann.

Pfister et al. 1999 (Wildtierpassagen an Straßen): Zusammengefasst wird im Bericht dargestellt, dass Bauwerke für den Verkehr selten, Wildtierüberführungen hingegen häufig von Wildtieren aufgesucht werden. Wildtierunterführungen werden weniger stark benutzt als Überführungen.

LAVOC 1999 (Faune et trafics, Actes Proceedings): An der Konferenz zum Thema Fauna und Verkehr wurde unter anderem ein Kostenaufwand von einer halben Milliarde Schweizer Franken für die wildtierbiologische Sanierung der Konflikte Wild/Verkehr geschätzt.

Pfister et al. 1999 (Häufigkeit und Verhalten ausgewählter Wildsäuger auf unterschiedlich breiten Wildtierbrücken (Grünbrücken): Gemäß Bericht besteht ein enger Zusammenhang zwischen Brückenbreite, Brückenlage und der Nutzungsfrequenz der Wildsäugerarten. Wildtierpassagen mit Breiten ab 64 m wurden deutlich häufiger genutzt als die bis zu 50 m.

Holzgang et al. 2001 (Korridore für Wildtiere in der Schweiz): Im Bericht werden von den 303 überregionalen Wildtierkorridoren in der Schweiz 51 Korridore benannt, die wahrscheinlich mit einem größeren Aufwand saniert werden müssen. Zu jedem dieser Korridore liefert der Bericht eine allgemeine Beschreibung sowie Angaben über die Zielarten, den Zustand und Verbesserungsmöglichkeiten.

Oggier et al. 2001 (Zerschneidung von Lebensräumen durch Verkehrsinfrastrukturen): Direkter Lebensraumverlust durch Bauwerke, Verkehrswege als Barrieren, Mortalität, Störung, indirekter Lebensraumverlust und Auswirkungen auf Populationsebene sind Konfliktpunkte zwischen Verkehrsträgern und Fauna und werden im Bericht behandelt. Zudem werden Lösungen vorgeschlagen, die der Verinselung der natürlichen Lebensräume entgegenwirken.

Vor dem Hintergrund aller dieser Informationen (siehe Kasten) formulierten schließlich 2001 das Bundesamt für Straßenbau und das Bundesamt für Umwelt, Wald und Landwirtschaft eine gemeinsame Richtlinie. Die Richtlinie «zur Planung und zum Bau von Wildtierpassagen über Verkehrswege, anwendbar für Wildtierkorridore von überregionaler Bedeutung»:

- regelt die Dimensionierung der Wildtierpassagen (45 +/- 5 m bzw. 25 +/- 5 m)
- definiert Begriffe wie «nutzbare Breite»
- macht Angaben zur Gestaltung des Bauwerkes, Einbezug seiner Umgebung und der Wirkungskontrolle.

Im Weiteren einigen sich die zwei Ämter auf ein Sanierungskonzept des schweizerischen Autobahn- und Hauptstraßennetzes. Danach sollen bis 2020 neben den bestehenden 24 Wildtierpassagen 51 weitere gebaut werden. Die Bauwerke sollen in erster Linie im Rahmen der Unterhaltsarbeiten an den Straßen realisiert werden.

Das Bundesamt für Umwelt, Wald und Landwirtschaft (BUWAL) der Schweiz hat 2005 ein Papier zur standardisierten Wirkungskontrolle an Wildtierpassagen herausgegeben.

Folgende Bilder und Karten veranschaulichen die heutige Situation und die Sanierungsziele:

Abbildung 5: Die im Jahr 2005 bestehenden 24 Wildtierpassagen der Schweiz . Quellen: Schweizerkarte: PiU GmbH. Flugaufnahme: Tiefbauamt des Kantons Bern, restliche Fotos: PiU GmbH

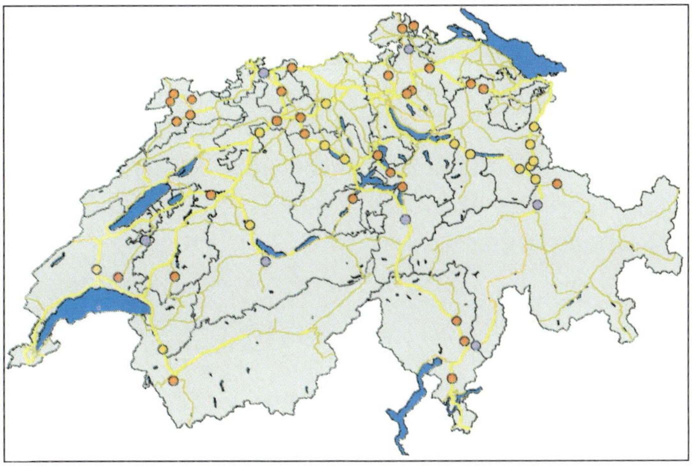

Abbildung 6: Die 51 zu sanierenden Wildtierkorridore. Hellgrün: Bauwerke im Bau; orange: Sanierung bis 2013; rot: Sanierung nach 2013. Quelle: PiU GmbH

Bei der Umsetzung dieses Sanierungskonzeptes gilt es darauf zu achten, dass die Bauwerke in das Vernetzungssystem der Umgebung eingebunden sind. Neben dem Bericht zu den Wildtierkorridoren (Holzgang et al. 2001) dient hierzu das nationale ökologische Netzwerk REN als zentrale Grundlage. Dieses stellt eine Vision aus ökologischer Sicht für einen landesweit vernetzten Lebensraumverbund dar. Die Resultate bauen auf vorhandenen Daten (insbesondere zu Schutzgebieten), ihrer Verarbeitung in einem Rechenmodell sowie einer Prüfung und Ergänzung dieser Angaben auf. Letztere erfolgte in enger Zusammenarbeit mit Fachleuten und den kantonalen Fachstellen. Die Resultate werden mittels Karten dargestellt (Maßstab 1:100 000 und 1:500 000). Zum einen soll diese Arbeit zum Schutz und Unterhalt von bedeutenden und gefährdeten Arten und Biotopen beitragen. Zum anderen eröffnet der eingeschlagene Weg neue Möglichkeiten der Partnerschaft zwischen den kantonalen und eidgenössischen Behörden, die in irgendeiner Form landschaftsrelevante Aktivitäten ausüben. Dies sind die Akteure der Bereiche Transport und Kommunikation, der Land- und Forstwirtschaft, der Wasserwirtschaft, der nationalen Sicherheit, der Raumplanung sowie der Jagd, der Fischerei und des Natur- und Landschaftsschutzes.

Die Maßnahmen im Detail

Das Sanierungskonzept ist besonders für größere Wildsäuger (insbesondere Reh, Rothirsch, Wildschwein, Gämse, Luchs) von großer Bedeutung. Das Bundesamt für Straßenbau hat 2001 die kantonalen Tiefbauämter aufgefordert, hierzu zusammen mit den Ämtern für Jagd, Naturschutz und Raumplanung die notwendigen Planungsschritte einzuleiten. Die wichtigste Planungsgrundlage dafür ist ein Grobkonzept für jeden Wildtierkorridor, der wiederhergestellt werden soll. Dies beinhaltet die Überarbeitung und Ergänzung der Korridorarbeit und die Formulierung der nötigen Haupt- und Begleitmaßnahmen für seine Wiederherstellung – u. a. Lage und Art des Bauwerkes und der Zuleitelemente. Aktuell verfügen fünf Kantone über ein solches Konzept, in drei weiteren wird es vorbereitet.

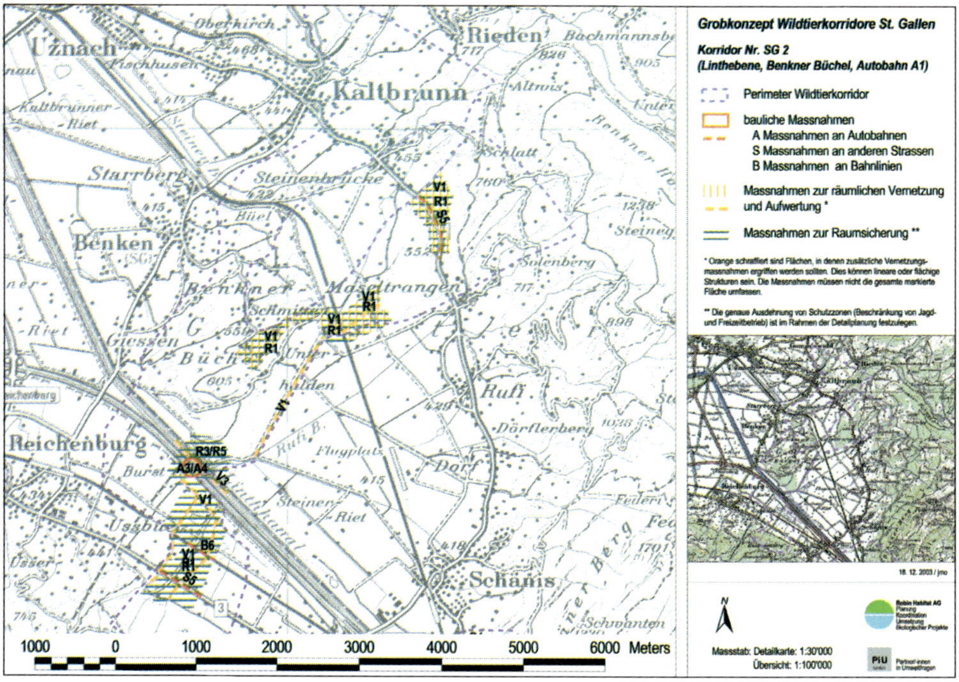

Abbildung 7: Ausschnitt aus dem Grobkonzept für den Kanton St. Gallen. Quelle: PiU GmbH und Habitat AG

Um nicht nur die sanierten, sondern alle ausgewiesenen Wildtierkorridore zu schützen, braucht es eine raumplanerische Sicherung mit dem Instrument der kantonalen Richtplanung. Bislang haben 17 der 26 Kantone diese Schutzmaßnahme umgesetzt. Solche Maßnahmen an den Kreuzungsstellen zwischen Wildtierkorridor und Straße sowie deren raumplanerische Sicherung werden in verschiedenen Kantonen im Rahmen der Unterhaltsarbeiten ergriffen. Weitere Maßnahmen sind:

- Erstellen eines Zaunkonzeptes, das zum Ziel hat, den Wildsäugern Gebüsch- und Heckenstrukturen entlang der Autobahnen als Vernetzungselement zugänglich zu machen. Zudem soll vermieden werden, dass für Kleintiere, insbesondere Amphibien, Fallensituationen entstehen.

- Bauliche Anpassungen an bestehende Querungsbauwerke, mit dem Ziel, diese für einzelne Organismengruppen nutzbar zu machen. Häufig genügt bereits, diese vor Fremdnutzungen (z.B. Unterstellen von Fahrzeugen) zu schützen.
- Sanierung bestehender Bachdurchlässe, mit dem Ziel, diese insbesondere für terrestrische oder amphibische Kleintiere begehbar zu machen.

Durchlässe für Kleintiere und Querungsmöglichkeiten für Amphibien sind Maßnahmen, die bei Sanierungsarbeiten selten durchgeführt werden. Immerhin kann es in Ausnahmefällen gelingen, die Tiefbauämter davon zu überzeugen, dass sie nötig sind.

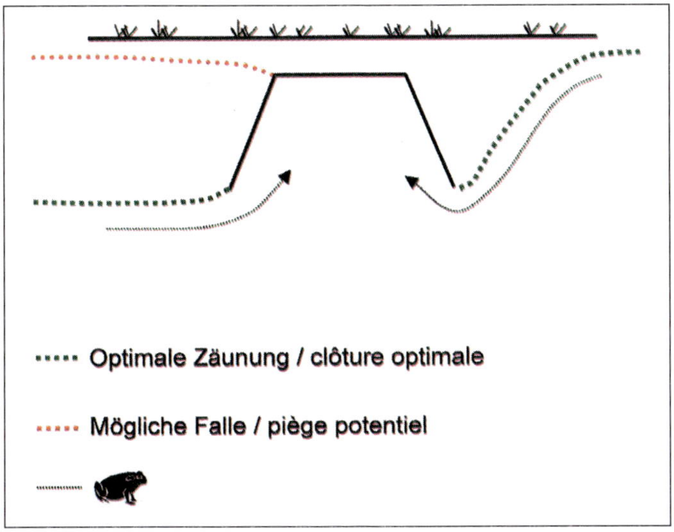

Abbildung 8: Mögliche Zaunführung zur Vermeidung von Fallensituationen für Amphibien Quelle: PiU GmbH

Abbildung 9: Möglichkeit einer faunistischen Sanierung von wenig begangenen Brücken. Fotos: Righetti

Auch die Normen des Schweizerischen Verbandes der Straßen- und Verkehrsfachleute (VSS) sind für Ingenieure und andere technische Planer wichtige Vorgaben, um für die Fauna spezifische Maßnahmen umzusetzen. Aktuell gibt es acht Normen:

- SN 640 690: Grundnorm
- SN 640 691: Interdisziplinärer Verfahrensablauf
- SN 640 692: Projektbeurteilung aus Sicht Fauna
- SN 640 693: Wildschutzzäune
- SN 640 694: Schutzmaßnahmen
- SN 640 697: Amphibienschutz, Grundnorm
- SN 640 698: Amphibienschutz, Projektierung
- SN 640 699: Amphibienschutz, Maßnahmen

Eine weitere Norm zur Sanierung von Gewässerdurchlässen ist in Bearbeitung.

Fazit: Grund zur Hoffnung

Die Entwicklung der letzten Jahre, angefangen damit, dass die verschiedenen Akteure eine gemeinsame Sprache fanden, dass man sich auf die Dimensionierung der Bauwerke und auf eine gemeinsame Strategie zur Wiederherstellung der wichtigsten Wildtierkorridore einigen konnte, stimmen für die weitere Zukunft durchaus positiv. Inwieweit sich das angestrebte Sanierungskonzept – trotz immer knapper werdender Finanzmittel – vollständig und zeitgerecht umsetzen lässt, ist im Moment unklar. Trotzdem wurde eine Basis geschaffen, mit der – vielleicht mit einigen Abstrichen – durchaus optimistisch in die Zukunft geblickt werden kann.

Literatur

Bebié, N./Brauchli, N./Righetti, A. & Voser, V. (2005): Standardisierte Wirkungskontrolle an Wildtierpassagen. Grundlagenbericht, Bundesamt für Umwelt, Wald und Landschaft, Bern, 27 Seiten und Anhang.

BFS (1999): Taschenstatistik der Schweiz 1999. Bundesamt für Statistik, Neuchâtel, 33 Seiten.

BFS & BUWAL (1997): Umwelt in der Schweiz 1997 – Daten, Fakten, Perspektiven. Eidg. Drucksachen- und Materialzentrale (EDMZ), Bern, 376 Seiten.

BFS & BUWAL (2005): Arealstatistik Schweiz – Zahlen – Fakten – Analysen, Bundesamt für Statistik, Neuchâtel, 99 Seiten.

BRP & BUWAL (1994): Landschaft unter Druck – Fortschreibung: Zahlen und Zusammenhänge über Veränderungen in der Landschaft Schweiz, Beobachtungsperiode 1988–1995. EDMZ, Bern, 48 Seiten.

Ewald, K. C. (1978): Der Landschaftswandel – Zur Veränderung schweizerischer Kulturlandschaften im 20. Jahrhundert. In: Sonderdruck aus: Tätigkeitsberichte der Naturforschenden Gesellschaft Baselland, Band 30, Liestal, 55–308.

Holzgang, O./Pfister, H.P./Heynen, D./Blant. M./Righetti, A./Berthoud, G./Marchesi, P./Maddalena, T./Müri, H./Wendelspiess, M./Dändliker, G./Mollet, P. & Bornhauser-Sieber, U. (2001): Korridore für Wildtiere in der Schweiz – Grundlagen zur überregionalen Vernetzung von Lebensräumen. In: Schriftenreihe Umwelt Nr. 326, Bundesamt für Umwelt, Wald und Landschaft (BUWAL), Schweizerische Gesellschaft für Wildtierbiologie (SGW), Schweizerische Vogelwarte Sempach, Bern, 116 Seiten.

LAVOC (Hrsg.) (1999): Faune et trafics – Actes Proceedings, 303 Seiten.

Leuzinger, E/Obrecht, J. M./Righetti, A. & Robin, K. (2003): Konzept zum Abbau von Verbreitungshindernissen für Wildtiere im Kanton St. Gallen, Bern und Uznach.

Müller, S. & Berthoud, G. (1995): Sicherheit Fauna/Verkehr. Praktisches Handbuch für Bauingenieure. In: École polytechnique fédérale de Lausanne. Département de génie civil Laboratoire des voies de circulation (LAVOC), Lausanne, 119 Seiten.

Oggier, P. / Righetti, A. & Bonnard, L. (2001): Zerschneidung von Lebensräumen durch Verkehrsinfrastrukturen COST 341. In: Schriftenreihe Umwelt Nr. 332, Bundesamt für Umwelt, Wald und Landschaft, Bundesamt für Raumentwicklung, Bundesamt für Verkehr, Bundesamt für Straßen, Bern, 102 Seiten.

Pfister, H. P. (1997): Wildtierpassagen an Straßen. Schlussbericht zum Forschungsauftrag Nr. 30/92 des Bundesamtes für Straßenbau und der Vereinigung Schweizerischer Straßenfachleute VSS, Zürich, 29 Seiten.

Pfister, H. P./Heynen, D./Georgii, B./Keller, V. & von Lerber, F. (1999): Häufigkeit und Verhalten ausgewählter Wildsäuger auf unterschiedlich breiten Wildtierbrücken (Grünbrücken), Schweizerische Vogelwarte, Sempach, 49 Seiten.

Righetti, A. (1997): Passagen für Wildtiere. Die wildtierbiologische Sanierung des Autobahnnetzes in der Schweiz. In: Pro Natura, Beiträge zum Naturschutz in der Schweiz Nr. 18, Basel, 46 Seiten.

SGW (Hg.) (1995): Wildtiere, Straßenbau und Verkehr, Chur, 53 Seiten.

Kapitel 3:

Ansätze und Projekte in Deutschland

Barrierewirkung vorhandener Verkehrswege vermindern

Querungshilfen sind sinnvoll und oft machbar

Udo Tegethof

Querungshilfen lösen nur einen Teil der Probleme, aber immerhin: Sie verbessern die Situation für die Tiere und sind daher dringend nötig. Möglichkeiten, Querungshilfen einzurichten, ergeben sich unter anderem, wenn ein Verkehrsweg ausgebaut wird oder wenn Brücken erneuert oder umgewandelt werden. Alle solche Chancen sollten ergriffen werden, aber um Lebensraumkorridore über mehrere Verkehrswege hinweg funktionsfähig zu machen, muss erst noch ein durchgreifendes Instrument geschaffen werden.

Im Zuge von Neu- und Ausbauvorhaben von Straßen eröffnet die Umweltverträglichkeitsprüfung (UVP), die dabei durchgeführt werden muss, die Möglichkeit, Querungshilfen für Tiere zu realisieren. In Deutschland gibt es inzwischen zirka 50 gebaute Grünbrücken, zahlreiche Wildtierunterführungen, ökologisch optimierte Gewässerunterführungen sowie ungezählte Amphibiendurchlässe. Abbildung 1 zeigt eine recht gut gelungene Verbindung von Lebensräumen, die beim Bau der B 31n zerschnitten wurden.

Man kann sich vorstellen, dass die Zerschneidungswirkung dieser neu gebauten Straße bei Überlingen am Bodensee durch 5 Grünbrücken und mehrere Unterführungen weitgehend aufgehoben worden ist. Alle Objekte werden nachweislich sehr gut von Wildtieren benutzt. Allerdings zeigte der Vorher-Nachher-Vergleich nur etwa 10 Prozent der Anzahl der Tierspuren, die vor Inbetriebnahme der Straße auf dem Baufeld auszumachen waren.

Abbildung 1: Tierquerungshilfen an B 31n. Foto: Georgii

Mit Querungshilfen lassen sich also etwa 10 Prozent der Tieraktivitäten wieder herstellen, die es ohne Schnellstraße gäbe. Ohne Querungsmöglichkeiten sind es 0 Prozent – beziehungsweise Tiere werden überfahren. Das ist die Realität für den größten Teil unseres Straßennetzes, denn an bestehenden Straßen greift die Eingriffsregelung des Bundesnaturschutzgesetzes (BNatSchG) nicht. Entsprechend stark ist die zerschneidende Wirkung der Straßen auf Natur und Landschaft, beziehungsweise auf die Tierpopulationen. Entsprechend hoch ist auch der Handlungsbedarf, die Situation an bestehenden Straßen zu verbessern. Folgende Möglichkeiten bieten sich an, Querungshilfen für Tiere über bestehende Straßen zu realisieren:

- beim Ausbau bestehender Straßen
- über die Naturschutz-Fachplanung
- mit EU-Mitteln für Natura-2000-Gebiete
- durch Umwandlung bestehender Brücken
- bei der Erneuerung von Brücken
- als Kompensationsmaßnahme

Situationsanalyse

Bevor über Verbesserungen der Situation nachgedacht werden kann, muss die Situation selbst erst mal geklärt werden. Dazu bedarf es einer Analyse dessen, was an Querungsmöglichkeiten für Tiere im betroffenen Straßenabschnitt bereits besteht, d.h. bestehende Bauwerke müssen daraufhin untersucht werden, inwieweit sie sich als Querungshilfe für Tiere eignen. Für diese Analyse bieten sich folgende Grundlagen an:

- Die Karte der Lebensraumkorridore des Bundesamtes für Naturschutz (BfN)
- Naturschutzfachplanungen / Biotopverbundplanungen der Länder bzw. Kreise
- Informationen von Wildbiologen bzw. Jägerschaft
- Eigene Untersuchungen
- Topografische Karten 1:10 000–1:5000
- Luftbilder / Satellitenbilder
- Datenbank Bauwerke der Bundesanstalt für Straßenwesen (BASt)

Die Karte der Lebensraumkorridore des BfN stellt eine Basis dar, um Streckenabschnitte bestimmen zu können, in deren Verlauf sich Straße und Korridor schneiden. Weiterhin werden Daten der Wildbiologen und der Jagdverbände hinzugezogen. Zum Beispiel wurden in der BASt Überlagerungen der Rotwild- und Wildkatzenlebensräume mit dem Bundesfernstraßensystem vorgenommen. Diesen Karten ist zu entnehmen, wo Straßen als Hindernisse für die Bewegung der Tiere im Raum vorhanden sind. Derartige Verbreitungskarten, überlagert mit Straßendarstellungen, kann man natürlich für verschiedene Tierarten aufstellen, je nach aktueller Fragestellung. Dabei interessieren nicht nur die Straßen innerhalb der Verbreitungsgebiete, sondern auch mögliche Ausbreitungsbewegungen zwischen diesen.

Abbildung 2: Ausschnitt aus der Karte der Lebensraumkorridore (LRK) des BfN. Eine Bundesfernstraße (rot) schneidet drei grüne LRK der Wälder und verläuft längs eines blau dargestellten LRK der Auen. Quelle: Bundesamt für Naturschutz

Wenn man dann aus solchen oder ähnlichen Karten die konfliktreichen Streckenabschnitte entnommen hat, kann man ins Detail gehen. Am Beispiel der A 7 wurden im Abschnitt zwischen Göttingen und Hildesheim die querenden Lebensraumkorridore mit Hilfe von topografischen Karten und Luftbildern lokalisiert. Ein Ergebnis dieses Vorgehens zeigt Abbildung 3. Dabei bezeichnen die grünen Nadeln den Lebensraumkorridor. Aus dem Luftbild und den parallel betrachteten topografischen Karten lassen sich die Bauwerke entlang der Strecke ermitteln und markieren. Im Beispiel stehen die blauen Nadeln für Gewässerdurchlässe und die roten für Straßenunterführungen. Aus dem Luftbild lassen sich in diesem Schritt bereits Aussagen über das Umfeld der Bauwerke treffen.

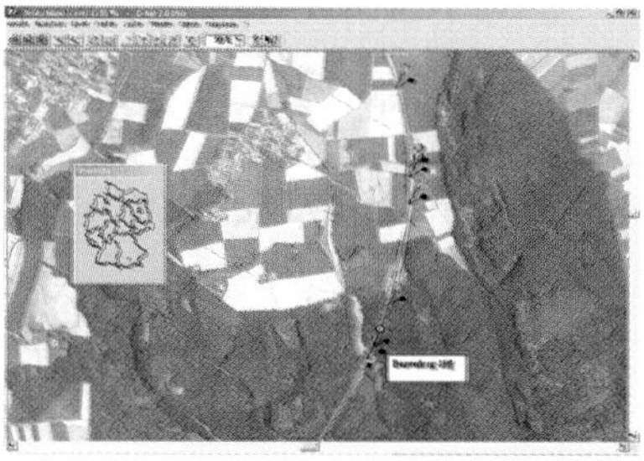

Abbildung 3: Lebensraumkorridor im Verlauf der A 7 zwischen Hildesheim und Göttingen. Quelle: Tegethof

Mit Hilfe dieser Darstellungen können die Koordinaten der Schnittstrecken zwischen Lebensraumkorridor und Straße gewonnen werden. Abbildung 4 zeigt einen Ausschnitt der Tabelle für die Lebensraumkorridore des betrachteten Straßenabschnittes. Als Nächstes suchen wir in der Bauwerksdatenbank (SIB-Bauwerke) die für uns relevanten Bauwerke heraus. Neben der Bauwerksbezeichnung sind darin Angaben zum Zweck enthalten, also Brücke über einen Fluss beziehungsweise Wirtschaftsweg usw. Es lassen sich Angaben zur Dimensionierung der Bauwerke entnehmen (lichte Weite, lichte Höhe), die Lagebestimmung in Form von Koordinaten ist zurzeit noch schwierig.

Diese Angaben sagen aber noch nichts darüber aus, wie der Untergrund unter den Bauwerken beschaffen ist. Es kann sich dabei um eine grüne Aue wie in Abbildung 5 handeln, oder um eine absolut tote Fläche wie in Abbildung 6. Im ersten Fall wird die Brücke vermutlich sehr gut für Tiere als Möglichkeit angenommen, die Straße zu (unter-)queren, im zweiten Fall haben Untersuchungen in den 90er Jahren gezeigt, dass eine solche Fläche von Tieren nicht genutzt wird.

Nummer (von Hildesheim)	Typ des LRK	Beginnpunkt (Breite, Länge)	Endpunkt (Breite, Länge)
1	Korridor überwiegend für Arten der trockenen Landschaften (ergänzender Korridor)	52° 08' 36" N 09° 59' 53" O	52° 07' 58" N 10° 02' 01" O
2	Korridor überwiegend für Arten der Wälder und Halboffenlandschaften (ergänzender Korridor)	52° 07' 20" N 10° 03' 58" O	52° 07' 17" N 10° 06' 00" O
3	Korridor überwiegend für Arten der Niederungen und Flusstäler mit Feucht- und Trockenlebensräumen (ergänzender Korridor)	52° 06' 06" N 10° 09' 01" O	52° 06' 02" N 10° 09' 12" O
4	Korridor überwiegend für Arten der trockenen Landschaften (ergänzender Korridor)	52° 04' 31" N 10° 11' 32" O	52° 03' 56" N 10° 11' 38" O
5	Korridor überwiegend für Arten der Wälder und Halboffenlandschaften (ergänzender Korridor)	52° 03' 26" N 10° 11' 28" O	52° 01' 55" N 10° 10' 21" O
6	Korridor überwiegend für Arten der trockenen Landschaften (ergänzender Korridor)	51° 58' 21" N 10° 08' 50" O	51° 57' 47" N 10° 08' 26" O
7	Korridor überwiegend für Arten der Wälder und Halboffenlandschaften (ergänzender Korridor)	51° 57' 35" N 10° 08' 23" O	51° 56' 58" N 10° 08' 29" O
8	Korridor überwiegend für Arten der Wälder und Halboffenlandschaften (ergänzender Korridor)	51° 50' 25" N 10° 07' 08" O	51° 49' 58" N 10° 06' 55" O
9	Korridor überwiegend für Arten der Wälder und Halboffenlandschaften (ergänzender Korridor)	51° 49' 51" N 10° 06' 51" O	51° 49' 16" N 10° 06' 34" O
10	Korridor überwiegend für Arten der trockenen Landschaften (ergänzender Korridor)	51° 47' 19" N 10° 03' 00" O	51° 47' 06" N 10° 02' 26" O

Abbildung 4: Ausschnitt aus Tabelle der Lebensraumkorridore an BAB A 7. Quelle: Tegethof

Abbildung 5: Raum unter der Brücke bewachsen

Abbildung 6: Raum unter der Brücke nicht für Tiere geeignet. Fotos: Tegethof

An diesen Beispielen sehen wir, dass mit einer Besichtigung vor Ort zu beurteilen ist, ob die jeweilige Brücke eine Verbindungsfunktion für Tierarten übernehmen kann. Ob eine Talbrücke nämlich so oder so aussieht, lässt sich den Datenbanken und auch den Luftbildern nicht entnehmen, denn man kann ja nicht unter das Bauwerk schauen. Bachquerungen können ebenfalls sehr unterschiedlich gestaltet sein. Und selbst bei der Angabe Wildunterquerung kann man Nebennutzungen, wie zum Beispiel Forst- und Schleichwege, nicht ausschließen. Vorhandene Amphibienschutzanlagen und Wirtschaftswegeunterführungen werden mit in die Ermittlung der gegebenen Durchlässigkeit der Straße einbezogen. Für alle Objekte muss die Beschreibung durch Erhebung vor Ort spezifiziert werden:

- Untergrundbeschaffenheit (Pflaster, Schotter, Boden)
- Bewuchs
- Breite der Bermen
- Lichteinfall
- Wasserzuführung

Aus der Bauwerksdatenbank stehen schon zur Verfügung:

- lichte Weite
- lichte Höhe

Mit Hilfe dieser Beschreibung wird im nächsten Arbeitsschritt, auf der Grundlage des vorhandenen Wissens über Ansprüche verschiedener Tierarten an Querungshilfen, abgeschätzt, für welche Arten beziehungsweise Tiergruppen ein konkretes Bauwerk nutzbar sein könnte: Rothirsch, Reh, Wildschwein, Fuchs, Feldhase, Marder, Bilche (zum Beispiel Siebenschläfer), Kleinsäuger, Reptilien, Amphibien oder Insekten. Bei diesen Arten gibt es große Unterschiede. Rothirsch und Wildschwein sind eher zurückhaltend, während Füchse und Marder geringere Ansprüche haben.

Ökologische Nachrüstung

Aufgrund der gezeigten Beispiele von Bauwerken ist zu vermuten, dass an verschiedenen Straßen Bauwerke optimiert beziehungsweise neue errichtet werden müssen, um für bestimmte Tierarten die Durchlässigkeit der Straße gezielt zu erhöhen. Gegenwärtig gibt es die schon genannten Möglichkeiten der nachträglichen Errichtung von Querungshilfen für Tiere über Straßen. Darauf gehe ich im Folgenden kurz ein.

Der häufigste und auch einfachste Fall ist der Ausbau einer bestehenden Straße, jedenfalls solange damit eine Umweltverträglichkeitsprüfung (UVP) verknüpft ist. Die Finanzierung der Querungshilfe läuft in diesem Fall über den Straßenbaulastträger (Abbildung 7).

Abbildung 7: Grünbrückenbau über bestehende B 404 beim Ausbau zur A 21. Foto: Mierwald

Wenn die Naturschutzverwaltung ein Konzept zur Verbindung von Lebensräumen hat, dann wäre es zu wünschen, sie hätte auch die Möglichkeit der nachträglichen Errichtung von Querungshilfen. Als Vorbild kann man das niederländische Ontsnippering-Programm nehmen. Notwendig sind hierfür nicht nur der politische Wille, sondern auch, dass entsprechende Finanzmittel bereitgestellt werden. Dafür müssen in Deutschland die positiven Wirkungen des Naturschutzes und der Landschaftspflege für den Menschen stärker herausgestellt werden. Unsere Landschaft hat im Vergleich zur niederländischen einen sehr viel besseren Ausgangszustand, um großräumig wieder verbunden zu werden. Ein Beispiel, Mittel der Europäischen Union (EU) in die Finanzierung einer Querungshilfe einzubinden, gibt es in Kärnten. Dort wurde die Grünbrücke «Bärentunnel» von drei Seiten finanziert, nämlich dem Land Kärnten, der österreichischen Straßenfinanzierungsgesellschaft ASFINAG und der EU. Die Grünbrücke soll die Wanderbedingungen für Braunbären, Luchse und andere Wildtiere verbessern. Bestehende Brücken in eine Querungshilfe für Tiere umzuwandeln wird zwar eine seltene Möglichkeit bleiben, aber es ist allemal besser als keine Querungsmöglichkeit oder als der Abriss einer für den Verkehr nicht mehr benötigten Brücke.

Abbildung 8: Wenig genutzte Brücke für Waldweg über A 13 ...

Abbildung 9: ... umgewandelt zur Grünbrücke Fotos: Straßenbauverwaltung Niedersachsen

Die Aufbesserung von Wirtschaftswegeunterführungen kann vielen kleinen Tierarten sehr viel nützen und muss nicht teuer sein. Abbildung 10 zeigt ein Beispiel unter Verwendung eines kleinen Baches. Alles, was hier anders ist als bei konventionellen Bach- und Wirtschaftswegequerungen, ist die Gestaltung. Die Kosten bleiben im Rahmen und könnten gegebenenfalls sogar von anderen Trägern als der Straßenbauverwaltung bereitgestellt werden. Im Resultat hat man auch für den Spaziergänger eine attraktivere Unterführung.

Abbildung 10: Nicht nur für Tiere attraktiv gestaltete Kombination von Wirtschaftsweg- und Bachunterführung. Foto: Tegethof

Brücken müssen von Zeit zu Zeit erneuert werden. Im Zuge dieser Arbeiten ist es möglich, den Raum unter der Brücke ökologisch aufzuwerten. Abbildung 5 zeigt als Beispiel die Bewässerung des Raumes unter der Brücke, Oberbodenandeckung und sogar eine Aufweitung der Straße, so dass der Spalt zwischen den Fahrbahnen zusätzlichen Lichteinfall gewährleistet.

Schließlich gibt es die Möglichkeit der Bündelung von Kompensationsmaßnahmen. Abbildung 11 veranschaulicht, wie ein Kernlebensraum durch den Neubau einer Straße beeinträchtigt wird. Die Vorbelastung des Kernlebensraumes kann durch zusätzliche Querungshilfen über vorhandene Straßen vermindert werden. Außerdem ist die Möglichkeit zu prüfen, ganz abgetrennte Lebensräume durch die Verbindung mit Korridorstrukturen und eine Querungshilfe an den Kernlebensraum anzubinden.

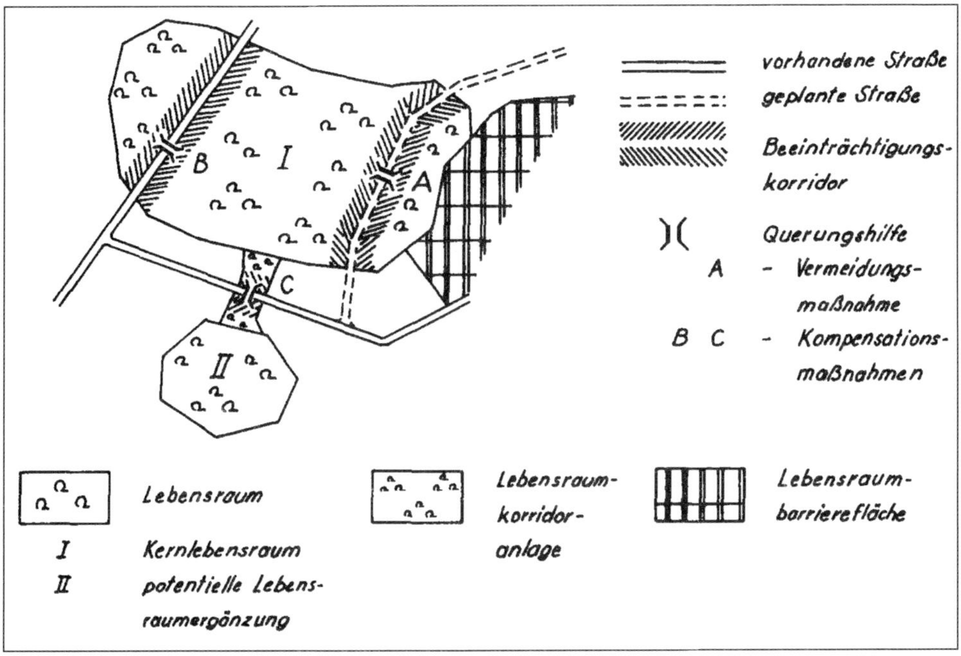

Abbildung 11: Minderung der Vorbelastung eines Kernlebensraumes durch zusätzliche Grünbrücke über vorhandene Straße. Quelle: Jungelen

Gegenwärtig stehen uns nur wenige Instrumente zur Verfügung, um Querungshilfen für Tiere an bestehenden Verkehrswegen zu realisieren. Sie bringen in Einzelfällen schon eine große Hilfe. Aber um einen bestimmten Lebensraumkorridor über mehrere Verkehrswege hinweg funktionsfähig zu machen, muss erst noch ein durchgreifendes Instrument geschaffen werden.

Neue Chancen für den Fischotter

Lebensraumkorridore in der Metropolregion Hamburg

Oskar Kölsch, Karsten Borggräfe, Anna Krekemeyer, Hans-Heinrich Krüger

Der Fischotter ist eine der Säugetierarten, die in Europa am stärksten vom Aussterben bedroht sind. Neben ausgebauten Flüssen sowie trockengelegten Feuchtgebieten, womit ihm wichtige Lebensgrundlagen genommen wurden, macht dem Otter heute vor allem der Straßenverkehr zu schaffen. Mit dem Projekt «Das Blaue Metropolnetz» sollen in der Metropolregion Hamburg Gewässerkorridore ausgewiesen werden, die als Bindeglied zwischen Niedersachsen, Hamburg und Schleswig-Holstein dienen. So soll ein durchgängiges Gewässernetz entstehen, das sowohl die Lebensräume des Fischotters verbessert als auch für die Erholung der Bürgerinnen und Bürger attraktiv ist. Wichtig dabei ist, dass alle beteiligten Akteure in der Region intensiv zusammenarbeiten und die Maßnahmen von einer professionellen Öffentlichkeitsarbeit begleitet werden.

Der eurasische Fischotter (lutra lutra)

Das Verbreitungsgebiet des Eurasischen Fischotters (lutra lutra) erstreckte sich ursprünglich nahezu flächendeckend von der Iberischen Halbinsel bis nach Japan und von Skandinavien bis nach Süd-Indien. In Mitteleuropa ist er heute einer der am stärksten bedrohten Säugetierarten. So gibt es in Deutschland flächendeckend Fischotterbestände nur noch in Mecklenburg-Vorpommern, Brandenburg und Sachsen. Außerdem findet man noch Otter in Bayern, Sachsen-Anhalt, Niedersachsen und Schleswig-Holstein. In den letzten Jahren ist zu beobachten, dass sich die Fischottervorkommen von Osten her ausbreiten.

Fischotter besiedeln alle vom Wasser beeinflussten Lebensräume, von der Meeresküste, über Flüsse, Bäche, Seen und Teiche bis hin zu Sumpf- und Bruchflächen. Wichtig ist dabei, dass diese eine hohe Vielfalt unterschiedlicher Strukturen aufweisen, also einen kleinräumigen Wechsel von verschiedenen Ufer- und Gewässerstrukturen, wie flache, tiefe, langsam oder schnell fließende Gewässerabschnitte, flache oder steile Uferbereiche, Sand- oder Kiesbänke, unterspülte Ufer, Röhrichtzonen und Gehölzsäume. Die besten Überlebenschancen hat der Fischotter in großräumigen, vernetzten und vielfältigen Gewässersystemen bzw. Feuchtgebieten mit ausreichendem Nahrungsangebot. Er ist heute geradezu ein Symbol für

Die dargestellten Ergebnisse beruhen auf dem Forschungsprojekt «Möglichkeiten für eine Reduzierung der Barrierewirkung von Verkehrswegen in der Metropolregion Hamburg – unter besonderer Berücksichtigung der Leit-Tierart Fischotter», das von der Dr. Joachim und Hanna Schmidt Stiftung für Umwelt und Verkehr gefördert wird, und auf dem Leitprojekt der Metropolregion Hamburg «Blaues Metropolnetz», das aus den Förderfonds der Metropolregion, durch BINGO! Die Umweltlotterie in Niedersachsen und Schleswig-Holstein und durch die Hanseatische Natur- und Umweltinitiative gefördert wird.

den Naturschutz geworden, gilt seine Anwesenheit doch als Zeichen dafür, dass Gewässersysteme oder Feuchtgebiete in einem ökologisch intakten Zustand sind (Reuther 2002a).

Der Fischotter ernährt sich als reiner Fleischfresser von Tieren, die im oder am Wasser leben, wie Fische, Amphibien, Krebse, Würmer, Vögel, Mäuse oder Ratten. Er ist überwiegend dämmerungs- und nachtaktiv und kann bei seinen nächtlichen Wanderungen in einer Nacht bis zu 20 km und mehr zurücklegen. Dementsprechend beansprucht der Fischotter auch große Reviere. Bis zu 40 km Flusslauf für ein Männchen- und bis zu 20 km für ein Weibchenrevier sind durchaus keine Seltenheit. Einen richtigen Bau graben Fischotter in der Regel nicht. Meist dienen ihnen Uferunterspülungen, Wurzeln alter Bäume, Baue anderer Tiere oder einfach nur dichtes Gebüsch als Unterschlupf. Ein Otter nutzt innerhalb seines Reviers bis zu 40 solche Verstecke. Fischotter leben in intensiv markierten Revieren, wobei sich die Reviere von Männchen und Weibchen teilweise überschneiden.

Bedrohung Straßenverkehr

Der Grundstein für die bedrohliche Situation der Fischotterbestände wurde mit der übermäßigen Verfolgung zum Ende des 19. und zu Beginn des 20. Jahrhunderts gelegt, bei der allein in Deutschland weit über 10 000 Otter getötet wurden. Als vermeintlicher Fischdieb und Nahrungskonkurrent des Menschen wurde er verfolgt sowie wegen seines dichten Felles. Der wichtigste Grund, warum die Fischotterpopulation so dramatisch zurückging, ist jedoch die Zerstörung seiner Lebensgrundlagen, denn nennenswerte natürliche Feinde – außer dem seltenen Seeadler oder Parasiten – hat er nicht. Der Ausbau und die intensive Pflege von Flüssen und Bächen sowie die Trockenlegung von Feuchtgebieten zerstörte die für ihn lebenswichtige Vielfalt der Struktur.

Heute, da sich der Fischotter wieder leicht ausbreitet, sterben viele Tiere vor allem durch den Straßenverkehr: Etwa drei Viertel der in Deutschland im Jahr 2000 zirka 200 tot aufgefundenen Otter wurden auf Straßen überfahren (Reuther 2002b). Besonders gefährdet sind Fischotter im Bereich von stark befahrenen Brücken, die das Gewässer nicht weit überspannen, und unter der Uferbrücke keine Uferstreifen aufweisen. Auf ihren nächtlichen Wanderungen vermeiden es die Otter, unter diesen Brücken durchzuschwimmen. Sie steigen dort an das Ufer und überqueren die Straße und laufen so Gefahr, überfahren zu werden.

Die Metropolregion Hamburg

Im Rahmen des Projektes «Otter Habitat Netzwerk Europa (OHNE)» wurden erstmalig auf europäischer Ebene großräumig Gewässerkorridore in Mitteleuropa und auf nationaler Ebene für Deutschland ausgewiesen, um die teilweise isolierten Ottervorkommen wieder zu vernetzen (Reuther 2004). Die Daten zeigen, dass der Metropolregion Hamburg eine zentrale Rolle dabei zukommt, die Kernpopulationen des Fischotters in Mecklenburg-Vorpommern, Niedersachsen und Dänemark sowie die Einzelvorkommen in Schleswig-Holstein zu vernetzen. Die Metropolregion umfasst neben der Hansestadt Hamburg die schleswig-holsteinischen Kreise Dithmarschen, Steinburg, Pinneberg, Segeberg, Stormarn und Herzogtum Lauenburg sowie die niedersächsischen Landkreise Cuxhaven, Stade, Rotenburg (Wümme), Harburg, Soltau-Fallingbostel, Lüneburg, Uelzen und Lüchow-Dannenberg. Aufgrund des hohen Siedlungsanteils und der intensiven Nutzung insbesondere im Ballungsraum um Hamburg bildet diese Region eine Barriere für die Wanderung von Fischottern, man spricht in diesem Zusammenhang von einem hohen Raumwiderstand der Metropolregion.

Ziele des Vorhabens

Das Ziel des Vorhabens «Das Blaue Metropolnetz» ist es, in dieser Region Gewässerkorridore auszuweisen als Bindeglied zwischen Niedersachsen, Hamburg und Schleswig-Holstein, um ein für den Fischotter ökologisch durchgängiges und für die Erholung attraktives Gewässernetz zu schaffen. Der Fischotter soll dabei als «Leit-Tierart» und die Erholung und der Tourismus als «Leit-Nutzung» gelten.

Die Umsetzung dieses Zieles soll erfolgen durch:

- eine Formulierung und strategische Positionierung eines großräumig vernetzten Gewässerentwicklungskonzepts als Planungsinstrument, das mit der

größtmöglichen Effizienz unterschiedliche Nutz-, Schutz- und Erholungsfunktionen miteinander verbindet.
- die modellhafte Initiierung und Umsetzung von Maßnahmen am Gewässer und an Brückenbauwerken.

Die identifizierten Gewässerkorridore, die mit möglichst geringem Aufwand und großer Effektivität die Vorkommen in Niedersachsen mit denen in Schleswig-Holstein verbinden, sollen als planerisches und naturschutzpolitisches Instrument aufgearbeitet werden. Sie sollen als Entscheidungshilfen für Planungen, als Grundlagen für naturschutzfachliche Bewertungen und als Basis für eine breit gefächerte Öffentlichkeitsarbeit für die Vernetzung von Lebensräumen in der Metropolregion dienen.

Weiterhin sollen modellhaft Maßnahmen an Gewässern und Brücken initiiert und durchgeführt werden. Diese sollen beispielhaft die Verbindung von Naturschutz- und Nutzungsaspekten aufzeigen. Somit ist auch bei der Umsetzung von Maßnahmen eine intensive Öffentlichkeitsarbeit unerlässlich. Die Maßnahmen sollen in der Metropolregion als Initialaktionen für eine nachhaltige Verbesserung des ökologischen Zustands und der Erholungsfunktion der Gewässer dienen.

Um diese Ziele zu erreichen, müssen alle beteiligten Akteure in den jeweiligen Behörden, Vereinen und Verbänden eng kooperieren. Alle Aktionen brauchen ein Höchstmaß an Partizipation auf der lokalen Ebene.

Methoden des Projektes

Die im OHNE-Projekt entwickelte Methode Lebensraumkorridore für den Fischotter zu ermitteln (Reuther 2004) beruht auf einer mit einem Geografischen Informations-System (GIS) berechneten Raumbewertung und wurde für die oben dargestellte Zielsetzung weiterentwickelt.

Die Fragen, was der Fischotter zum Leben braucht und was ein «natürliches» Gewässerökosystem auszeichnet, waren Ausgangspunkt der methodischen Überlegungen. So wurde eine Liste an relevanten Parametern erstellt und daraufhin überprüft, inwiefern im GIS verarbeitbare digitale und nach vergleichbaren Standards erhobene Daten verfügbar und wie diese in geeigneter Weise operationalisierbar sind. Ergebnis der Überprüfung war eine Auswahl von acht Parametern, mit deren Hilfe ein Lebensraum für den Fischotter mittels eines GIS bewertet werden kann. Für jeden Parameter wurde eine fünfstufige Bewertungsskala erstellt. Die Ergebnisse der Einzelbewertungen wurden dann wie Folien übereinander gelegt und zu einer Gesamtbewertung aufsummiert.

Die Daten zu den Gewässern, der Landschaft sowie zu weiteren Landschaftsstrukturen und Landschaftsnutzungen basieren auf den Objekten des Digitalen Landschaftsmodells (DLM 25), die in einem Maßstab von 1:25 000 vorliegen und von den Landesvermessungsämtern vorgehalten und aktualisiert werden. Die Einzel- und Gesamtbewertungen basieren auf einem digitalen 1-km-Netz, das in das Universale Transverse Mercator (UTM)-System bezogen auf das Geodätische Datum «WGS 84» eingebunden ist.

Die Gesamtbewertung wurde überlagert mit den lagegenauen Fundorten von Fischotternachweisen in der Metropolregion. Diese Nachweise aus den Jahren 1995 bis 2005 wurden aus der vereinseigenen Datenbank der Fischotternachweise «Informations-System Otter Spuren (ISOS)» übernommen und durch eigene Kartierungen an über 2000 Gewässerabschnitten ergänzt. Weiterhin wurden durch Kartierungen vor Ort über 2000 Brücken über Gewässern in der Metropolregion erfasst und bewertet, um das Gefahrenpotenzial für den Fischotter an diesen Orten festzulegen. Zudem wurden Daten zu den touristischen Potenzialen und zu bestehenden und geplanten Projekten beziehungsweise den Akteuren an den Gewässern erhoben, die auch in die Ausweisung der Lebensraumkorridore einflossen.

Im Ergebnis werden über die konfliktarmen 1-km-Raster Suchräume für Korridore innerhalb der Metropolregion aufgezeigt, während die konfliktreichen 1-km-Raster sich durch ein hohes Maß an Wanderungs- und Ausbreitungshindernissen auszeichnen oder in Teilbereichen zum Beispiel von Gewässerarmut gekennzeichnet sind.

Diese zeigen aber auch die Räume auf, die der Fischotter durchqueren muss, um zum einen vorhandene Fischotterbestände in der Metropolregion miteinander und zum anderen diese mit außerhalb der Metropolregion liegenden Populationen zu vernetzen. Im GIS werden – basierend auf der Karte zur Gesamtbewertung und dem Gewässersystem der Metropolregion – verbindende Pfade errechnet, die ausgehend von so genannten Ausgangspunkten in den Fischottergebieten am Ost- und Südrand der Metropolregion zu so genannten Zielpunkten führen. Die Zielpunkte liegen an Gewässern mit Naturschutzgebiets-Status im Kern der Metropolregion sowie an Gewässern am Rande der Metropolregion, die Fischotterbestände zeigen (Bederkesa, Aller), oder an Gewässern, die den Anschluss an entfernt liegende Fischotternachweise im Süden Dänemarks und an westlich gelegene prioritäre Gewässerachsen nach dem OHNE-Projekt schaffen können.

Die über diesen Weg im GIS ermittelten Pfade mit prioritärer Bedeutung wurden als 6 km breite Korridore ausgewiesen (beidseitig je 3 km vom Gewässer).

Ergebnisse

Ergebnisse der bisherigen Untersuchungen sind:
- detaillierte Kenntnisse über die Fischottervorkommen in der Metropolregion Hamburg,
- detaillierte Kenntnisse über die Ausgestaltung von mehr als 2000 Querungsstellen von Verkehrswegen mit Gewässern im Hinblick auf ein Gefahrenpotenzial für den Fischotter,
- Erstellung von Karten von Lebensräumen für den Fischotter mit unterschiedlichem Konfliktpotenzial,
- Herleitung von drei Achsen von Gewässerkorridoren mit einem geringen Konfliktpotenzial,
- Beginn einer Öffentlichkeitsarbeit für eine konzertierte Aktion im Gewässerschutz in der Metropolregion.

Die Kartierungen in der Region ergänzen die bisherigen Informationen über Vorkommen und Populationen von Fischottern in der Metropolregion. Bestehende Nachweise konnten durch die Untersuchungen aus den Jahren 2004 und 2005 bestätigt werden; neue Nachweise wurden erbracht, die wichtige Informationen bezüglich der Wanderungen der Otter lieferten.

Ein Kataster mit mehr als 2000 Querungsstellen wurde angelegt, das neben einem Foto der Örtlichkeiten die Maße und Gestaltung der Brücken und der Uferbereiche enthält. Zudem werden für jede Querungsstelle gutachterliche Hinweise gegeben, wie Bauwerke beziehungsweise Uferbereiche verbessert werden können. Dieses Kataster zeigt, dass die Gestaltung der Brücken einen erheblichen Einfluss auf die Ausbreitung des Fischotters in der Metropolregion haben wird. Zum Beispiel weist die Este trotz eines in Teilstrecken sehr naturnahen Verlaufs einen hohen Anteil von Brückenbauwerken ohne Uferrandstreifen unter den Brücken, so genannten Bermen, auf. Im Gegensatz dazu besitzt zum Beispiel die Luhe einen hohen Anteil von Brücken, unter denen der Fischotter ungehindert wandern kann. Diese Kenntnisse sind Grundlage für einen effizienten Mitteleinsatz, um die Ausbreitung des Fischotters in der Metropolregion zu fördern.

Aus der GIS-technischen Berechnung wurde eine Karte erstellt, die im 1-km-Raster verschiedene Konfliktpotenziale aufzeigt, die sich bei der Ausgestaltung eines Lebensraumes für den Fischotter stellen. So werden Zonen mit geringem Konfliktpotenzial ausgewiesen, in denen effektiv Fischotter-Habitate entwickelt werden können, und solche mit hohem Konfliktpotenzial.

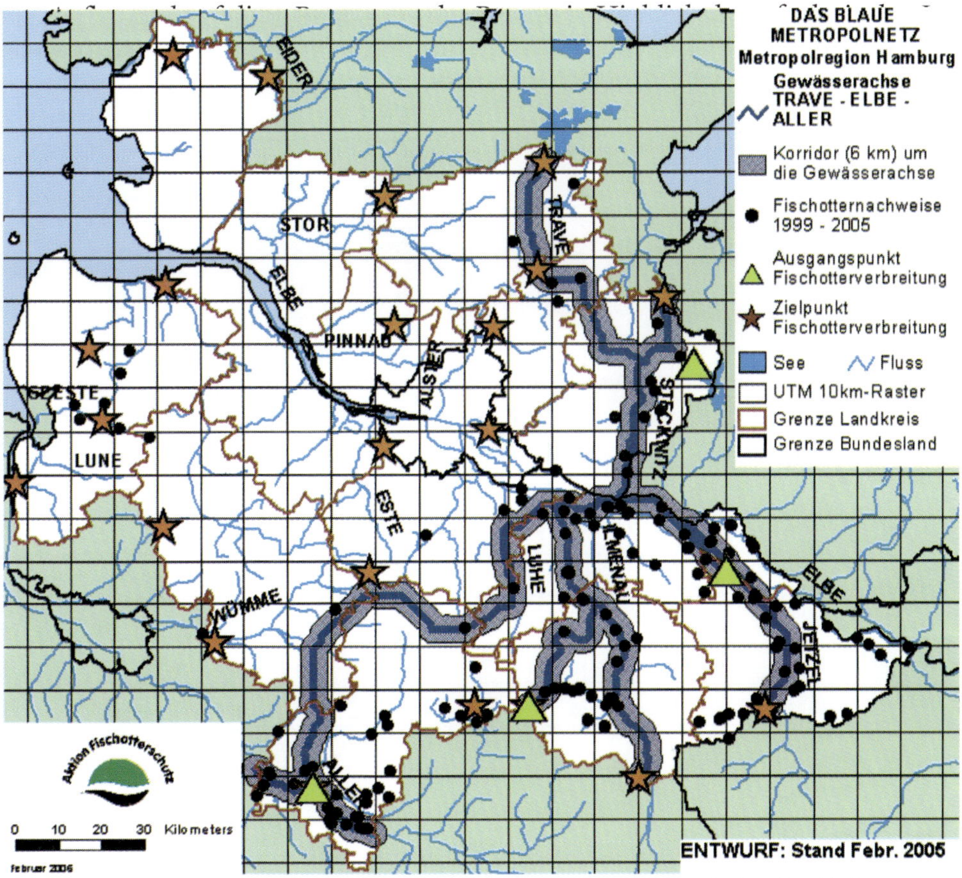

Abbildung 1: Der Lebensraumkorridor durch die Metropolregion Hamburg – Ost-Achse. Quelle: Aktion Fischotterschutz

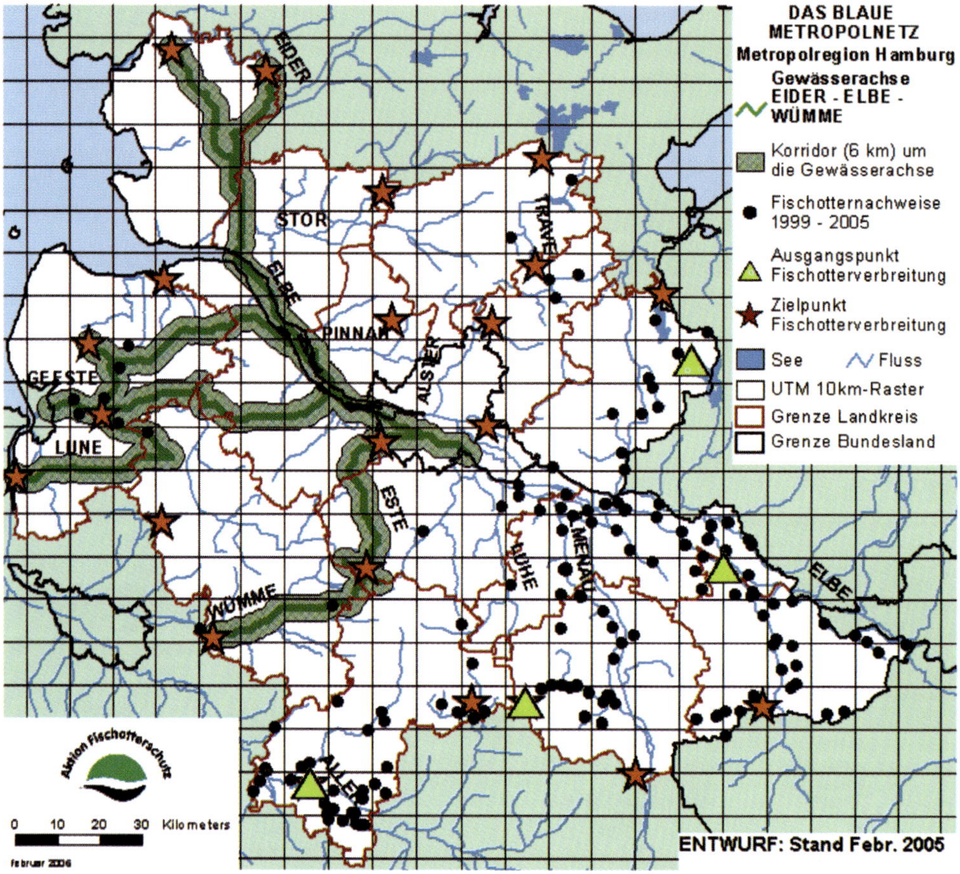

Abbildung 2: Der Lebensraumkorridor durch die Metropolregion Hamburg – West-Achse.
Quelle: Aktion Fischotterschutz

Die Ost-Achse umfasst Teilbereiche der Gewässer Trave-Elbe-Aller. Die Trave, die Feuchtgebiete des Ratzeburger Sees und des Schaalsees, der Elbe-Lübeck-Kanal, die Elbe, Jeetzel, Ilmenau, Luhe und die in die Aller mündende Böhme bilden die Gewässeradern dieser Ost-Achse. Die West-Achse besteht aus Teilbereichen der Gewässer Eider-Elbe-Wümme (Abbildung 2).

Die Feuchtgebiete im Bereich des Bederkesaer Sees, die Schwinge, die Lune, die Geeste, die Wümme und die Este sind neben Eider und Elbe wichtige Bereiche, die die Gewässeradern der West-Achse bilden. Die Mittlere Achse umfasst Teilbereiche der Stör, der Süderbeste und der Elbe (Abbildung 3).

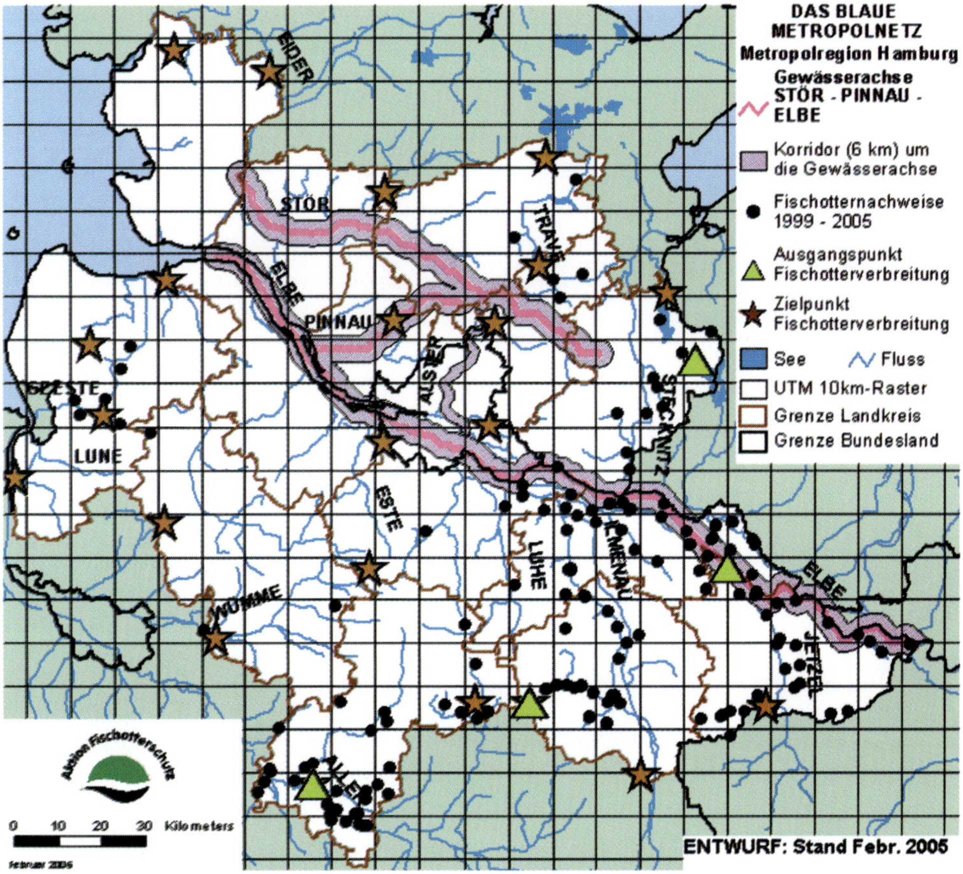

Abbildung 3: Der Lebensraumkorridor durch die Metropolregion Hamburg – Mittlere-Achse. Aktion Fischotterschutz

Die Pinnau bildet in dieser Achse eine weitere wichtige Gewässerader. Die Alster hat insbesondere unter dem Aspekt der Integration von Erholungsnutzung und Naturschutz im verdichteten Stadtraum eine große Bedeutung, die es zu stärken und entwickeln gilt.

Die Planungen und Ergebnisse wurden mit den Behörden sowie mit Vereinen und Verbänden in den einzelnen Kreisen besprochen und diskutiert. Erste öffentliche Veranstaltungen wurden durchgeführt, um das «Blaue Metropolnetz» bekannt zu machen und die Bevölkerung am Projekt teilhaben zu lassen.

Weiteres Vorgehen

Nachdem die Gewässerkorridore mit den drei Achsen in der Metropolregion ausgewiesen wurden, wurde, im Jahr 2006 begonnen, die Arbeiten umzusetzen. Für die Korridore werden Umsetzungsszenarien gebildet, die zu den ökologischen Modellierungen politische, ökonomische und soziale Aspekte hinzufügen. Mit Hilfe von sozio-ökonomischen Erhebungen in den Gewässerkorridoren sollen modellhafte Maßnahmen und Gewässerprojekte identifiziert werden, die als Initialmaßnahmen zur Entwicklung der Fischotter-Lebensräume in den Folgejahren realisiert werden sollen.

Zu diesen Maßnahmen gehört zum einen die Anlage von Bermen bei bestehenden Brückenbauwerken (Abbildung 4).

Abbildung 4: Eine die Ilmenau weit überspannende Brücke, die für den Fischotter keine Gefährdung darstellt (beidseitig breite Uferstreifen unter der Brücke). Quelle: Aktion Fischotterschutz

Falls unter Brücken, die für den Fischotter gefährlich sind, keine Bermen eingebaut werden können, sollen Laufstege aus Brettern unter den Brücken modellhaft angebracht werden, die der Otter bei verschiedenen Wasserständen begehen kann.

Weiterhin sollen an Gewässern und in den Uferbereichen Maßnahmen durchgeführt werden, um Lebensräume für die Fischotter zu entwickeln. Dazu gehört die Anlage von Anpflanzungen oder Wildnisstreifen am Gewässer ebenso wie die Unterstützung einer extensiven Landwirtschaft im gewässernahen Bereich und die Reduktion der Gewässerunterhaltung.

Alle diese Aktionen müssen durch eine intensive Öffentlichkeits- und Kommunikationsarbeit begleitet werden. Fokus der Öffentlichkeitsarbeit soll dabei die Vision einer modernen Metropole sein, in der Arbeit und Erholung, Naturschutz und Naturnutzung in der Stadt, auf dem Land und im Wasser miteinander vereinbar sind.

Literatur

Reuther, C. (2002a): Fischotterschutz in Deutschland. Grundlagen für einen nationalen Artenschutzplan. Habitat Arbeitsberichte der Aktion Fischotterschutz 14, Hankensbüttel, 159 Seiten.

Reuther, C. (2002b): Straßenverkehr und Otterschutz. Naturschutz praktisch Nr. 3, Hankensbüttel, 40 Seiten.

Reuther, C. (2004): Auf dem Weg zu einem Otter Habitat Netzwerk Europa (OHNE). Methodik und Ergebnisse einer Raumbewertung auf europäischer und deutscher Ebene. Habitat Arbeitsberichte der Aktion Fischotterschutz 15, Hankensbüttel, 308 Seiten.

Der Wildkatze könnte geholfen werden

Das Beispiel eines Wildkorridorsystems für Rheinland-Pfalz

Nina Klar

Aufgrund ihrer hohen Mobilität und ihres großen Raumbedarfs sind Wildkatzen besonders stark davon betroffen, dass die Landschaft zunehmend zerschnitten wird. Die stark geschrumpfte Wildkatzenpopulation kann nur erhalten werden bzw. sich wieder ausbreiten, wenn man die noch vorhandenen Lebensräume aktiv miteinander vernetzt. Um geeignete Korridore für Wildkatzen in Deutschland zu finden, habe ich im Rahmen meiner Doktorarbeit zunächst ein Habitatmodell auf der Grundlage von Telemetriedaten aus der Eifel berechnet, das für ganz Deutschland angewendet werden kann. Auf dieser Grundlage wurden dann für Rheinland-Pfalz Wildkatzenkorridore gesucht. Um die Durchlässigkeit dieser Korridore zu evaluieren und zu verbessern, sind detaillierte Kenntnisse über das Verhalten der Wildkatzen nötig. Die Tiere werden häufig auf Straßen überfahren, weshalb die Populationen in Autobahnnähe stark gefährdet sind. Lösungsmöglichkeiten sind Trittsteine und Leitstrukturen entlang der Korridore sowie Schutzzäune und Querungsmöglichkeiten.

Weil die Wildkatze viel Raum braucht und sehr mobil ist, ist sie, ähnlich wie Luchs, Rothirsch oder Otter, besonders stark von Zerschneidungen der Landschaft und Verlust von Lebensraum bedroht (Herrmann 1998). Sie kommt heute in weniger als 10 Prozent ihres ursprünglichen Areals vor, in mehreren voneinander isolierten Populationen. Soll diese Art langfristig überleben können und ihre Ausbreitung in noch geeignete Lebensräume ermöglicht werden, müssen diese Populationen miteinander vernetzt werden. Korridore können helfen, kleine Populationen miteinander in Austausch zu bringen und so negative Effekte, die durch genetische Isolation, Inzucht oder zufällige demografische Prozesse entstehen, zu vermeiden (Beier 1993, Beier & Noss 1998, Schaffer 1991). Um diese Effekte zu identifizieren und zu optimieren, sind detaillierte Kenntnisse über den Raumbedarf und das Verhalten der Wildkatze nötig (Abbildung 1).

Die Europäische Wildkatze (*Felis silvestris silvestris*, Schreber 1777), einst flächendeckend in Europa verbreitet, wurde durch Jagd und Fallenfang so weit dezimiert, dass sie nur in verinselten Arealen überleben konnte. Nachdem sie 1934

Abbildung 1: Die Wildkatze, eine nahe Verwandte unserer Hauskatze, erkennt man an ihrer verwaschenen Fellzeichnung und ihrem buschigen mit schwarzen Ringen versehenen Schwanz. Foto: H. Müller-Stieß

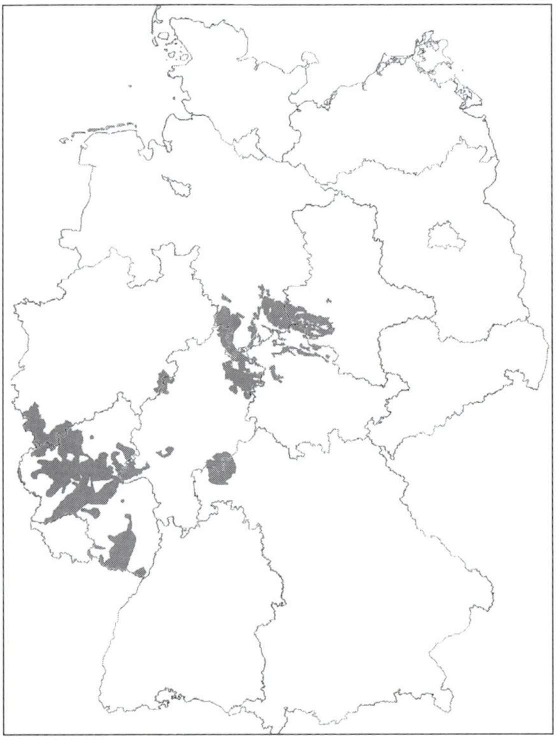

Abbildung 2: Wildkatzenverbreitung in Deutschland.

ganzjährig unter Schutz gestellt wurde, gehört sie heute zu den seltensten Säugetieren Deutschlands und bewohnt nur noch einige Mittelgebirge wie Eifel, Hunsrück, Taunus und Pfälzerwald im Westen sowie Harz, Solling und Hainich in Mitteldeutschland (Abbildung 2).

Zurzeit wird ein Gesamtbestand von 1500 bis 5000 Tieren in Deutschland geschätzt (Knapp et al. 2002). Die Wildkatze breitet sich nur sehr langsam wieder aus und sie ist als europaweit gefährdete Art in Anhang IV der FFH-Richtlinie sowie in der Roten Liste stark bedrohter Säugetiere aufgeführt (Boye et al. 1998). Das Council of Europe (1992) sieht in der Vernetzung der Lebensräume eine der wichtigsten Aufgaben innerhalb des Wildkatzenschutzes.

Raumbedarf und Lebensraumansprüche der Wildkatze

Wildkatzen haben einen relativ großen Raumbedarf. Sie sind Einzelgänger und leben in Streifgebieten von 3 bis 50 km² (Hupe 2002, Klar 2003, Mölich et al. 2003). Dabei beinhalten die größeren Streifgebiete der Männchen meist mehrere Streifgebiete von Weibchen. Aber auch innerhalb der Geschlechter überschneiden sich die Streifgebiete stark. Nach Erkenntnissen aus einer Telemetriestudie – eine Untersuchung, in der Tiere mittels Radiosender überwacht werden – in der Eifel können so etwa 20 Wildkatzen in einem weitgehend unzerschnittenen Waldgebiet von 100 km² Größe leben (Klar 2003). Aus der telemetrischen Beobachtung von Wildkatzen wird deutlich, wie sehr diese an den Wald gebunden sind: 70 bis 100 Prozent der Einzelortungen pro Individuum lagen innerhalb des Waldes. Obwohl Wildkatzen oft außerhalb des Waldes auf Wiesen jagen, bewegen sie sich selten weiter als wenige hundert Meter vom Waldrand weg. Dabei sind weibliche Katzen noch stärker an den Wald gebunden als männliche (Klar & Herrmann 2004).

Habitatmodell

Um großflächig herauszufinden, welche Bereiche für Wildkatzen geeignet sind, wurde ein so genanntes Habitatmodell für Wildkatzen entworfen. Dieses diente anschließend als Grundlage, um Korridore zu finden (Clevenger et al. 2002). Dafür wurden Lokalisationen aus einer Telemetriestudie an der Autobahn A60 in der Eifel von 13 Wildkatzen verwendet. Solche Untersuchungen haben den Vorteil, dass Tiere auch in unzugänglichem Habitat geortet werden können und so die Ergebnisse nicht – wie z.B. bei Sichtbeobachtungen – dadurch verfälscht werden, dass das Gelände einsehbar ist. Um die Lebensraumnutzung von Wildkatzen für

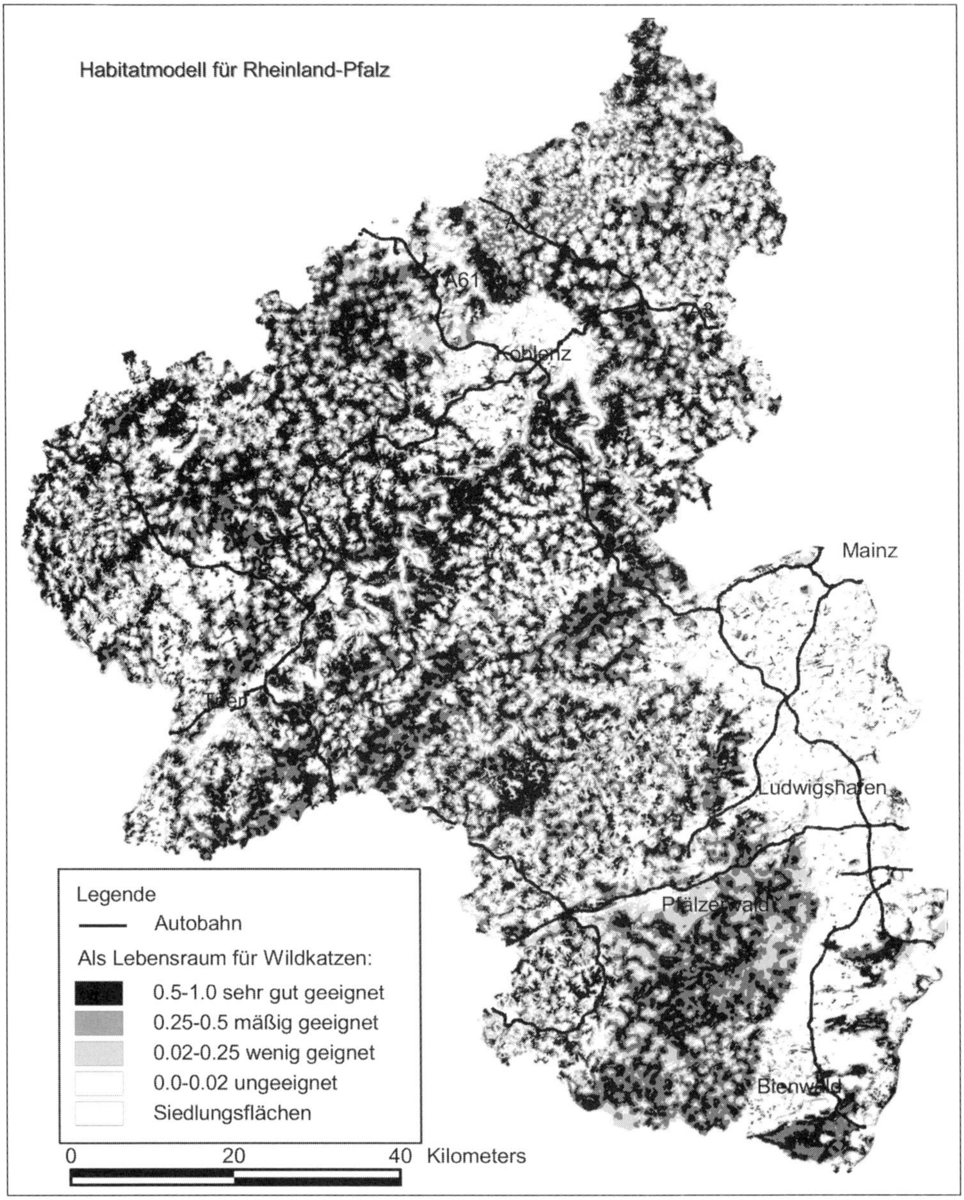

Abbildung 3: Die Habitateignungskarte für Rheinland-Pfalz wurde auf der Grundlage von Telemetriedaten von Wildkatzen in der Eifel erstellt.

eine möglichst große Fläche vorhersagen zu können, wurden als Kartengrundlage ATKIS (Amtliches Topografisch-Kartografisches Informationssystem)-Daten verwendet, die für jedes Bundesland vorhanden sind. Landnutzungsdaten aus dem CORINE-Projekt (europaweites Projekt zur Bereitstellung von einheitlichen vergleichbaren Daten der Bodenbedeckung in Europa), die europaweit verfügbar wären, sind für so ein feinskaliges Modell zu grob, da sie Flächen, die kleiner als 25 Hektar sind, nicht enthalten (Nunes de Lima 2005). Gerade solche Waldflächen können aber für die Funktion eines Korridors bedeutsam sein. Mit Hilfe von logistischer Regression (General Linear Mixed Models) wurden die Lokalisationen mit den Landschaftsdaten verglichen (Klar et al. in Vorb.). Einen signifikanten Einfluss auf den Aufenthalt der Wildkatzen hatten die Nähe zum Waldrand, zu Bachläufen und zu Wiesen, sowie der Abstand zu Siedlungsflächen. Nachdem das Modell mit unabhängigen Daten aus der Nordeifel darauf überprüft wurde, inwieweit es auf andere Landschaften übertragbar ist, konnte es dafür verwendet werden, geeigneten Lebensraum in anderen Gegenden, z.B. in Rheinland-Pfalz, vorherzusagen (Abbildung 3).

Korridore

Diese Habitatkarte wurde anschließend genutzt, um geeignete Korridore für Wildkatzen zu finden. Dabei wurde die «Cost-Path-Methode» angewendet (z.B. Schadt et al. 2002 für den Luchs). Mit Hilfe dieser Methode kann man den günstigsten Weg zwischen einem Start- und einem Zielpunkt finden. Als Grundlage für diese Methode dient eine Rasterkarte des Untersuchungsgebietes, in der jede Zelle einen «Widerstandswert» enthält, der den Aufwand oder die Kosten beschreibt, die mit der Querung der Zelle verbunden sind. Berechnet werden die kumulativen Kosten von einer Startzelle zu jeder beliebigen Zelle im Untersuchungsgebiet. So ist es möglich, den Weg zur Zielzelle, der mit am wenigsten Aufwand verbunden ist, zu finden. Dieser Weg stellt dann den günstigsten Korridor dar. Als Grundlage für die Berechnung der Korridore diente das Habitatmodell. Dabei wurden die Habitateignungswerte klassifiziert und diesen Klassen Widerstände zugewiesen (Abbildung 4).

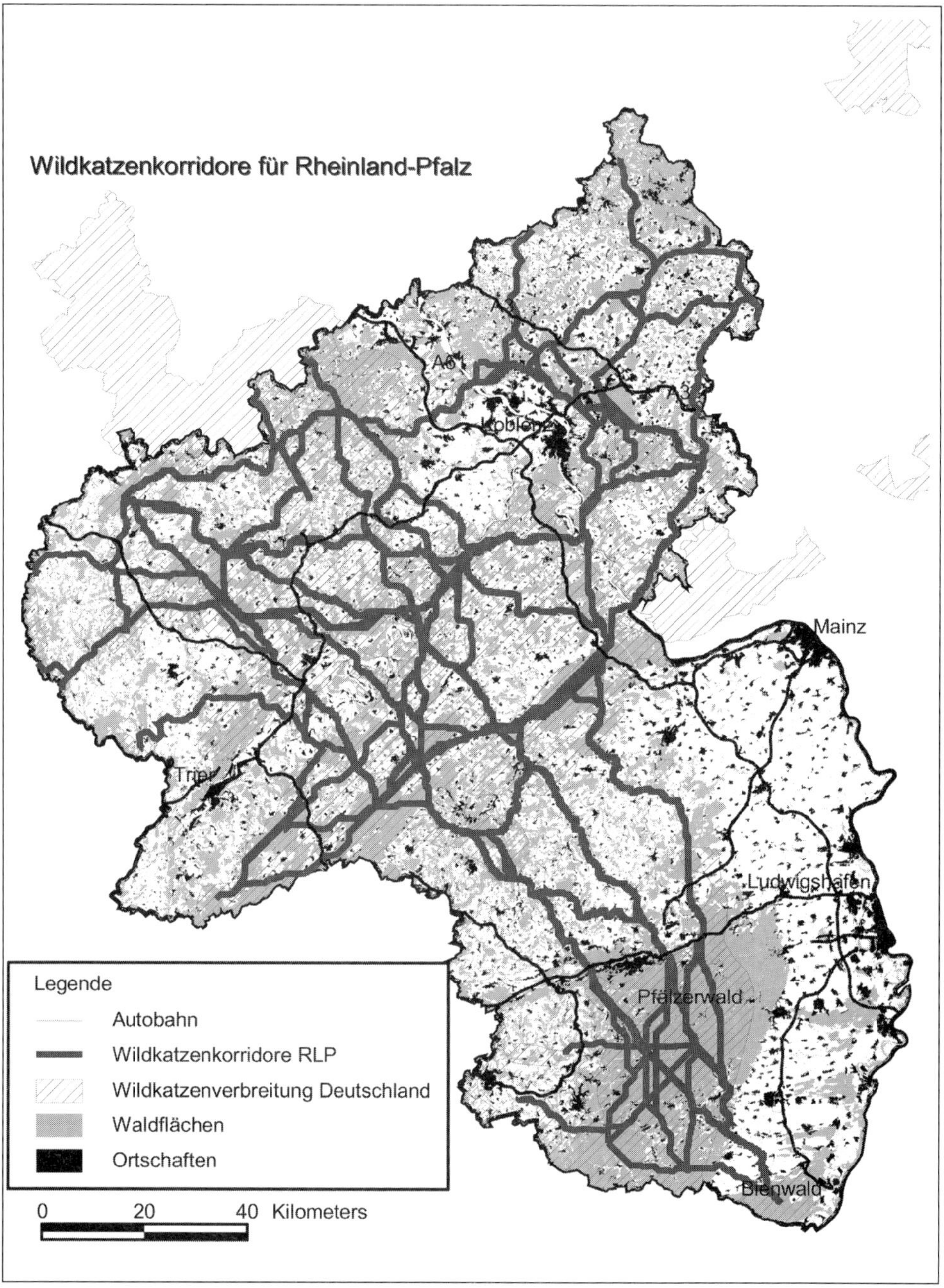

Abbildung 5: Wildkatzenkorridore für Rheinland-Pfalz, erstellt mit der Cost-Path-Methode auf der Grundlage der Habitateignungskarte (Abbildung 3).

Bewertung aus Habitatmodell	% Wildkatzen-Ortungen in Bewertungsklasse	Widerstandswert für Cost-Grid
0.5–1.0	85 %	1
0.2–0.5	9 %	3–5
0.02–0.25	5 %	10–30
0.0–0.02	1 %	30–100
Siedlungsflächen	0 %	10000

Abbildung 4: Zuordnung der Bewertungsklassen aus dem Habitatmodell (Abbildung 3) zu Widerstandswerten für die Korridoranalyse.

Siedlungsflächen bekamen einen so hohen Wert, dass die Korridore nicht durch sie hindurchführen können. Als Start- und Zielpunkte wurden die Kernräume der Wildkatzenverbreitung in Rheinland-Pfalz und zurzeit unbesiedelte, aber für Wildkatzen geeignete Räume gewählt. Die Korridore für Rheinland-Pfalz sind in Abbildung 5 dargestellt. Wir gehen davon aus, dass wir die wichtigsten Habitatkorridore für diese Art identifiziert haben, da das Modell spezifisch auf die Ansprüche von Wildkatzen ausgelegt ist. Im Hinblick auf die Problematik des Straßenverkehrstodes und der Barrierewirkung von Straßen sind insbesondere die Schnittpunkte mit Straßen interessant.

Sind die Korridore durchlässig?

Die Cost-Path-Methode findet modellbedingt immer einen Weg zwischen zwei Punkten. Um herauszufinden, ob solch ein Korridor tatsächlich durchlässig für die betrachtete Tierart ist oder ob die kumulierten Kosten zu hoch sind, muss man die Korridore im Einzelnen überprüfen. Entscheidend sind dabei der Verlauf der Korridore innerhalb von ungeeignetem Habitat und die Zerschneidung durch Barrieren wie Straßen, Bahnstrecken und großen Flüssen. Kenntnisse über wandernde Individuen sind hier von Vorteil. Da kaum Telemetriedaten von Wanderungen vorliegen, muss man sich auf Einzelbeobachtungen stützen, die nicht quantitativ absicherbar sind. Nur so kann man abschätzen, wie durchlässig die Korridore für Wildkatzen sind. Eigene Ergebnisse der Telemetriestudie an der A60 in der Eifel und von einer einzelnen Katze im Bienwald (nahe Pfälzer Wald) zeigen, dass sich Wildkatzen oft entlang von linearen Strukturen wie Waldrändern, Bächen oder auch bewachsenen Bahndämmen orientieren. Es müssen jedoch nicht immer durchgehende Strukturen sein, auch Trittsteine wie zum Beispiel kleine

Feldgehölze werden genutzt, um offene Flächen zu queren. Dabei hielten sich die Katzen nie weiter als 300 Meter von solchen deckungsreichen Strukturen entfernt auf. Die maximale Entfernung vom Waldrand, die wir bei Wildkatzen mit Hilfe der Telemetrie beobachten konnten, betrug drei Kilometer. Nur drei von über 300 Todfunden aus Rheinland-Pfalz und Nordrhein-Westfalen liegen weiter als ein Kilometer vom Waldrand entfernt. Aus dem Bereich Kyffhäuser/Hainleite gibt es zwei Todfunde, die in 3,5 bzw. 5,5 Kilometer Entfernung vom Waldrand liegen. Beobachtungen wie diese, dass die Wildkatze z. B. den Hakel in den 90er Jahren nach 100-jähriger Abwesenheit wieder besiedelte (Stubbe & Stubbe 2001), zeigen, dass unter Umständen auch weitere Entfernungen außerhalb des Waldes zurückgelegt werden können. Der Hakel liegt zirka 16 km nördlich des Harzes, dem nächstgelegenen größeren Waldgebiet mit Vorkommen von Wildkatzen. Wildkatzen können solche Entfernungen also in seltenen Fällen überwinden, allerdings nur solange es keine zusätzlichen Barrieren, Störungen oder Mortalitätsfaktoren gibt. Die Wahrscheinlichkeit einer Wiederbesiedlung solcher Gebiete nimmt ab, je größer die Barrierewirkung der Landschaft ist.

Wirkung von Straßen auf Individuen und Populationen

Seit 1995 werden dem Artenschutzprojekt Wildkatze in Rheinland-Pfalz jährlich durchschnittlich 17,5 überfahrene Wildkatzen gemeldet. Dies ist nur ein Bruchteil der tatsächlich im Straßenverkehr zu Tode gekommenen Tiere, denn stichprobenartige Befragungen zeigen, dass nur ein kleiner Teil der Verkehrsopfer gemeldet wird. Darüber hinaus bleiben, wie Obduktionen ergeben, nur Tiere, die Schädelbrüche oder Wirbelsäulenverletzungen erleiden, auf der Straße liegen, die übrigen mutmaßlich häufigen Verletzungen sind kaum vertreten. Die größte Gefährdung geht von Autobahnen und stark befahrenen Bundesstraßen aus (Abbildung 6).

Straßentyp	Gesamtlänge Straßentyp in km (LSV, Rheinland-Pfalz 2005)	Anzahl überfahrene Wildkatzen	**überfahrene Wildkatzen pro 100 km**
Autobahn	850	23	**2,71**
Bundesstraße	3000	55	**1,83**
Landstraße	7200	78	**1,08**
Kreisstraße	7500	29	**0,39**

Abbildung 6: Anzahl Totfunde von Wildkatzen auf verschiedenen Straßentypen in Rheinland-Pfalz pro 100 km normiert (ergänzt nach Kautz 2005)

An einem intensiv untersuchten Autobahnstück der A1/A48 bei Wittlich wurden 0,38 Wildkatzen pro Kilometer und Jahr überfahren (Herrmann et al. in Vorb.). Das bedeutet, dass auf einem 20 Kilometer langen Autobahnstück, an das etwa 20 Wildkatzenstreifgebiete angrenzen können, jährlich fast acht Wildkatzen überfahren werden. Dies würde etwa 40 Prozent der direkt an die Autobahn grenzenden Population ausmachen. Es handelt sich hier wahrscheinlich um ein so genanntes «attractive sink», da die zuwandernden Wildkatzen das hohe Mortalitätsrisiko in einem an sich gut geeigneten Lebensraum nicht erkennen und so immer wieder Katzen aus ungefährdeten Gebieten nachkommen. Dies kann langfristig auch zu einer Gefährdung der Quellpopulationen in den ungefährdeten Gebieten führen (Delibes et al. 2001).

Abbildung 7: Wildkatzen werden häufig beim Überqueren von Straßen überfahren, besonders Autobahnen und stark befahrene Bundesstraßen stellen eine Gefahr dar. Foto: M. Herrmann

Autobahnen und Bundesstraßen wirken potenziell nicht nur als Todesfallen, sondern auch als Barrieren, die die Wildkatzen selbst innerhalb der Streifgebiete nicht ständig überqueren. Im Untersuchungsgebiet in der Eifel haben die Katzen zwei stärker befahrene Straßen, die B50 und die A60, relativ selten gequert (Abbildung 8), während wenig befahrene Kreisstraßen kein Hindernis sind. Dies lässt darauf schließen, dass wahrscheinlich nur eine begrenzte Anzahl von stark befahrenen Straßen innerhalb eines Wildkatzenstreifgebietes geduldet werden kann. Während Wildkatzen innerhalb ihres Streifgebietes die Straßen und potenziellen Querungsmöglichkeiten genau kennen, sind wandernde Wildkatzen vermutlich sehr viel stärker durch die negativen Effekte von Straßen betroffen.

Ein Beispiel für eine Barriere, die bisher von Wildkatzen nicht überwunden werden konnte, ist die A3 zwischen Wiesbaden und Bonn. Wildkatzen sind nur südwestlich dieser Autobahn verbreitet (Knapp et al. 2000). Das bedeutet nicht, dass nicht

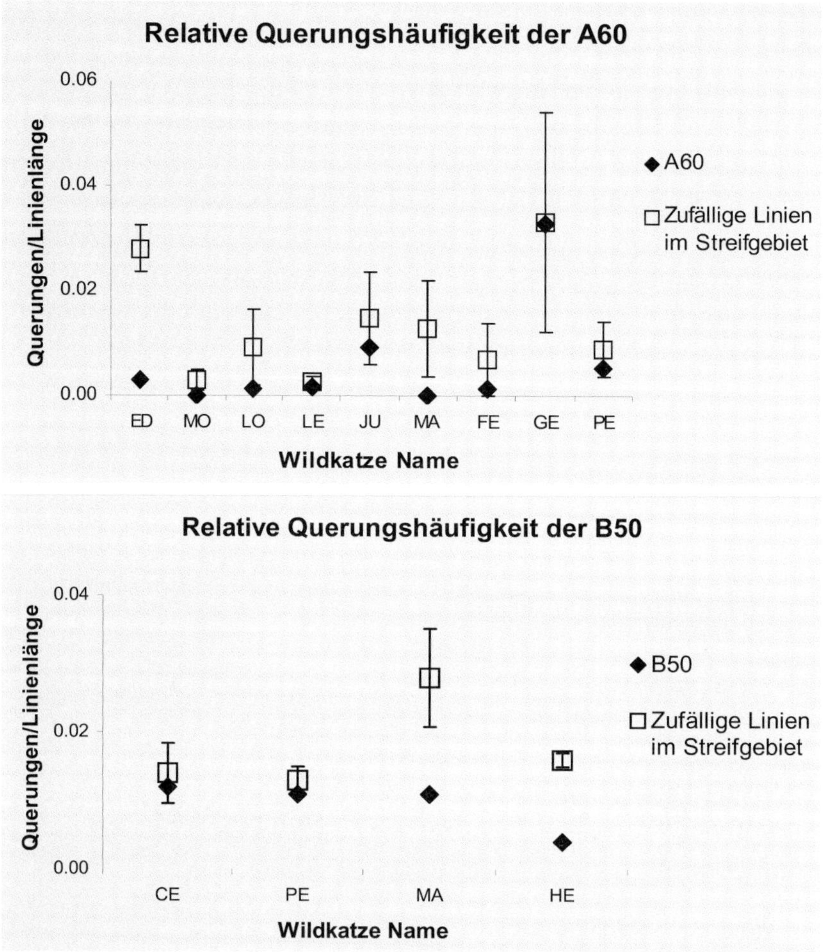

Abbildung 8: Relative Querungshäufigkeiten bei der Bundesautobahn A60 und der Bundesstraße B50 im Untersuchungsgebiet zwischen Bitburg und Wittlich. Anzahl der Querungen/Straßenabschnittlänge im Vergleich zu zufällig im Streifgebiet der einzelnen Katzen verteilten Linien.

eventuell ab und zu einzelne Wildkatzen die Straße überwinden, aber es sind nicht genug, damit sich auf der anderen Seite eine Population etablieren kann. Ähnlich wirkt wahrscheinlich auch die A7 nordwestlich des Harzes (Hupe et al. 2004, Simon & Raimer 2005).

Auch andere Säugetiere meiden Straßen, wie dokumentiert ist (z.B. Kaczensky et al. 2003, Rondinini & Doncaster 2002, Zimmermann 2004). Insgesamt tragen Mortalität und Meidung einer Straße zur Barrierewirkung derselben bei, dabei scheint aber die Mortalität die entscheidende Rolle für größere Fleischfresser, wie der Wildkatze, zu spielen (Cain et al. 2003).

Schutzmaßnahmen an Straßen: Wildkatzenzaun

Um die erhebliche Gefährdung von Wildkatzenpopulationen durch Straßen zu mindern, wurde 2002 entlang der neu gebauten A60 erstmals ein für Wildkatzen sicherer Schutzzaun errichtet, den die Straßenbauverwaltung Rheinland-Pfalz entwickelte. Getestet wurde er in einem Gehege in Bayern. Mit einem engmaschigen Gitter (4×4 cm), einer Höhe von zwei Metern sowie einem Überkletterschutz aus einem überhängenden Blech (Abbildung 9) verhindert er, dass Wildkatzen und andere kletternde Tiere in den Straßenraum gelangen. Mit Hilfe dieses Zaunes konnte die Zahl der überfahrenen Tiere von 0,38 auf 0,07 pro Kilometer und Jahr reduziert werden (Abbildung 10). Solch ein Zaun ist selbstverständlich nur sinnvoll, wenn genügend sichere Querungsmöglichkeiten vorhanden sind.

Abbildung 9: Wildkatzensicherer Wildschutzzaun an der A60 zwischen Bitburg und Wittlich. Höhe 2 m, Maschenweite 4 x 4 cm, Überkletterschutz: Blechschiene 50 cm breit, Untergrabungsschutz aus Plastik: 30 cm in der Erde. Foto: Nina Klar

Zauntyp an A60, A1 und A48	überfahrene Wildkatzen pro km/Jahr
normaler Wildschutzzaun (7,9 km)	0,38
Wildkatzenschutzzaun ohne Überkletterschutz (4,7 km)	0,32
Wildkatzensicherer Wildschutzzaun (6,9 km)	0,07

Abbildung 10: Anzahl überfahrener Wildkatzen entlang drei verschieden gezäunter Autobahnstrecken im Untersuchungsgebiet Raum Wittlich. An ein 20 km langes Autobahnstück in geeignetem Lebensraum grenzen ca. 20 Wildkatzenstreifgebiete. Auf derselben Strecke würden bei normaler Zäunung zirka 8 Tiere jährlich überfahren.

Beurteilung der Situation in Rheinland-Pfalz

Die meisten der identifizierten Korridore sind zurzeit noch durch Autobahnen und Bundesstraßen unterbrochen. Um die Vernetzung der Populationen zu gewährleisten und die Verkehrsmortalität zu senken, ist an diesen Stellen ein Schutzzaun für Wildkatzen mit geeigneten Querungsmöglichkeiten erforderlich. Größere, für Wildkatzen schwer zu überwindende Freiflächen sind vor allem im Rheintal vorhanden. Ein neuralgischer Punkt ist die Verbindung vom durch Wildkatzen besiedelten Bienwald zum Pfälzerwald, die derzeit unterbrochen scheint, sowie die Verbindungen zu den nördlich vom Bienwald gelegenen Waldgebieten entlang des Rheins. Um die Ausbreitung der Wildkatzenpopulation in geeignete Lebensräume Richtung Nordosten zu ermöglichen, sollten Querungsmöglichkeiten an A61 und A3 in Betracht gezogen werden. Ebenso muss die Querung des Rheins zusammen mit den angrenzenden, teilweise stark befahrenen Straßen ermöglicht werden. Gerade entlang des Rheins zwischen Mainz und Bonn ist die Siedlungsdichte durch Menschen sehr hoch, und es gibt nicht mehr viele durchlässige Bereiche; diese müssen gekennzeichnet werden, um eine zukünftige Bebauung z.B. mit Gewerbegebieten zu verhindern.

Empfehlungen für Korridore

Die starke Waldgebundenheit und das große Deckungsbedürfnis der Wildkatze erfordern eine Kombination aus Trittsteinen wie Feldgehölzen und Waldstücken (> 1 Hektar) in geringem Abstand (< 500 Meter) entlang der unbewaldeten Teile der Korridore. Da sich Wildkatzen gerne an linearen Strukturen wie Bächen oder alten Bahndämmen orientieren, sollten solche Bereiche – soweit vorhanden – in den Korridor integriert und gegebenenfalls zusätzlich bepflanzt werden. Müssen

Strecken von mehr als 3 Kilometer Länge außerhalb des Waldes überbrückt werden, sollten größere, ungestörte und strukturreiche Flächen vorgesehen werden, in denen sich die Wildkatzen einige Zeit aufhalten können (> 25 Hektar).

Besonders wichtig für die stark durch den Verkehr gefährdete Wildkatze ist es, zumindest die kreuzenden Autobahnen und eventuell auch die stark befahrenen Bundesstraßen im Korridorbereich einzuzäunen, in Kombination mit Grünbrücken oder Unterführungen. Dabei sollte beachtet werden, dass ein Korridor nur so gut ist wie sein schwächster Teil.

Literatur

Beier, P. (1993). Determining Minimum Habitat Areas and Habitat Corridors for Cougars. Conser. Biol. 7 (1): 94–108.

Beier, P. & Noss, R. F. (1998). Do Habitat Corridors Provide Connectivity? Conser. Biol. 12 (6): 1241–1252.

Boye, P., Hutterer, R. & Benke, H. (1998). Rote Liste der Säugetiere (Mammalia). In: Rote Liste gefährdeter Tiere Deutschlands, Vol. 55: 33–39. Bonn/Bad Godesberg: Bundesamt für Naturschutz.

Cain, A. T., Tuovila, V. R., Hewitt, D. G. & Tewes, M. E. (2003). Effects of a highway and mitigation projects on bobcats in Southern Texas. Biol. Conser. 114: 189–197.

Clevenger, A. P., Wierzchowski, J., Chruszcz, B. & Gunson, K. (2002). GIS-Generated, Expert-Based Models for Identifying Wildlife Habitat Linkages and Planning Mitigation Passages. Conser. Biol. 16 (2): 503–514.

Council of Europe (1992). The biology and conservation of the wildcat. Convention on the conservation of European wildlife and natural habitats, S. 117. Straßbourg: Secretariat Memorandum established by the Directorate of Environment and Local Authorities.

Delibes, M., Gaona, P. & Ferreras, P. (2001). Effects of an Attractive Sink Leading into Maladaptive Habitat Selection. Am. Natural. 158 (3): 277–285.

Herrmann, M. (1998). Verinselung der Lebensräume von Carnivoren – von der Inselökologie zur planerischen Umsetzung. Naturschutz und Landschaftspflege in Brandenburg 1: 45–49.

Hupe, K. (2002). Die Wildkatze – Wild ohne Lobby? Wild und Hund 10: 16–22.

Hupe, K., Pott-Dörfer, B. & Götz, M. (2004). Nutzung autobahnnaher Habitate im Bereich der BAB 7 nördlich von Seesen durch die europäische Wildkatze (*Felis silvestris silvestris*) unter dem Aspekt der Lebensraumzerschneidung. Informationsdienst Naturschutz Niedersachsen 6: 266–278, 283.

Kaczensky, P., Knauer, F., Krze, B., Jonozovic, M., Adamic, M. & Gossow, H. (2003). The impact of high speed, high volume traffic axes on brown bears in Slovenia. Biol. Conser. 111: 191–204.

Kautz, J. (2005). Straßenbauliche Details und Landschaftsstrukturen mit besonderem Risiko für die Wildkatze (*Felis silvestris*) in Rheinland-Pfalz, unveröffentlichte Masterarbeit, Georg-August-Universität, Göttingen.

Klar, N. (2003). Windwurfflächen und Bachtäler: Habitatpräferenzen von Wildkatzen (*Felis silvestris silvestris*) in der Eifel, unveröffentlichte Diplomarbeit, Freie Universität, Berlin.

Klar, N. & Herrmann, M. (2004). Windfall and creek valleys: Habitat preferences of wildcats (*Felis s. silvestris*) in the Eifel region (Germany). In: 78. Jahrestagung der Deutschen Gesellschaft für Säugetierkunde, Sonderheft zum Band 69 von Mammalian Biology, S. 20. Bonn.

Knapp, J., Herrmann, M. & Trinzen, M. (2000). Artenschutzprojekt Wildkatze (*Felis silvestris silvestris* Schreber, 1777) in Rheinland-Pfalz. Oppenheim: Landesamt für Umweltschutz und Gewerbeaufsicht.

Knapp, J., Kluth, G. & Herrmann, M. (2002). Wildkatzen in Rheinland-Pfalz, 1–24. Mainz: Ministerium für Umwelt und Forste Rheinland-Pfalz.

Mölich, T., Klaus, S. & Nöllert, A. (2003). Die Wildkatze (Felis silvestris) in Thüringen. Landschaftspflege und Naturschutz in Thüringen 4: 109–134.

Nunes de Lima, M. V. (2005). IMAGE2000 and CLC2000 – Products and Methods, S. 152. Ispra: European Communities.

Rondinini, C. & Doncaster, C. P. (2002). Roads as barriers to movement for hedgehogs. Functional Ecology 16 (4): 504–509.

Schadt, S., Knauer, F., Kaczensky, P., Revilla, E., Wiegand, T. & Trepl, L. (2002). Rule-based assessment of suitable habitat and patch connectivity for the Eurasian lynx in Germany. Ecological Applications 12 (5): 1469–1483.

Schaffer, M. L. (1991). Minimal population sizes for species conservation. BioScience 31: 131–134.

Simon, O. & Raimer, F. (2005). Wanderkorridore von Wildkatze und Rothirsch und ihre Relevanz für künftige infrastrukturelle Planungen in der Harzregion. Göttinger Naturkundliche Schriften 6: 159–178.

Stubbe, M. & Stubbe, A. (2001). Wiederbesiedlung des nördlichen Harzvorlandes durch die Wildkatze. Beiträge zur Jagd- und Wildforschung 26: 179–180.

Zimmermann, F. (2004). Conservation of the Eurasian Lynx (*Lynx lynx*) in a fragmented landscape – habitat models, dispersal and potential distribution. PhD, Université de Lausanne.

Wie ein Brückenschlag für die Wildkatze gelang

Das Beispiel aus Thüringen

Thomas Mölich, Burkhard Vogel

Mit dem Projekt «Ein Rettungsnetz für die Wildkatze» sollen die Lebensräume der Wildkatzen länderübergreifend vernetzt werden. Dabei wird die Wildkatze als Zielart für den Verbund von Waldlebensräumen betrachtet. Im Zuge der Verlegung der Autobahn A4 bei Eisenach entsteht ein Biotopverbund, der entscheidend dazu beiträgt, den Nationalpark Hainich wieder mit dem Thüringer Wald zu verbinden. Inzwischen sind sich Behörden, Straßenbauer, Landwirte und BUND einig, diesen schwierigsten, weil durch ausgeräumte Ackerlandschaft führenden Abschnitt eines insgesamt 20 Kilometer langen «Grünen Korridors» zu schaffen. Im Herbst 2006 wird damit begonnen, einen 50 Meter breiten und 1200 Meter langen Gehölzstreifen zu bepflanzen. Da ein Biotopverbund in dieser Dimension und in überregionalem Zusammenhang bis heute die Ausnahme ist, scheint die Frage interessant: Welche Faktoren waren für den Erfolg ausschlaggebend, und was kann man daraus lernen?

Sie gehört zu den letzten Raubkatzen Europas. Und sie lebte schon hier lange bevor die Römer die ersten Hauskatzen mit über die Alpen brachten. Von Natur aus waren Wildkatzen in Kontinentaleuropa nahezu flächendeckend verbreitet. Heute sind ihre Vorkommen wie Inseln im Meer verstreut. Das Überleben des scheuen Mäusejägers ist zunehmend durch die schnell voranschreitende Zerschneidung der Landschaft, durch Verkehrswege und Bauprojekte bedroht (siehe Beitrag von Nina Klar in diesem Buch).

Vom Hainich zum Thüringer Wald – nur ein Katzensprung ?

Ein typisches Beispiel bietet der Nationalpark Hainich. Hier lebt eine vitale Population autochthoner Wildkatzen. Obwohl die Lebensraumbedingungen im Nationalpark nahezu ideal sind, ist das Überleben der Population langfristig nicht gesichert. Einerseits ist die Fläche des Nationalparks zu klein, andererseits führt die natürliche Entwicklung innerhalb der nächsten Jahrzehnte zu einer starken Veränderung der Lebensräume im Nationalpark. Durch die ehemalige, militärische Nutzung waren großflächig halboffene Landschaften entstanden, die optimale Jagdhabitate für die Wildkatze bildeten. Infolge der natürlichen Waldentwicklung werden diese Flächen langsam verschwinden.

Ein Austausch mit benachbarten Lebensräumen wird aber immer schwieriger. Nach Norden droht der lockere Verbund mit den Vorkommen im Harz durch den Bau der BAB 38 unterbunden zu werden. Nach Osten schließt sich an den Hainich nur intensiv genutzte Agrarlandschaft an. Optimal wäre, wenn sich die Wildkatzen nach Süden ausbreiten könnten. Der Thüringer Wald ist keine 20 Kilometer vom Nationalpark Hainich entfernt, bietet ein großes Angebot geeigneter Habitatflächen und bildet eine natürliche Verbundachse nach Südosten. Von hier aus könnten wandernde Tiere, wie die Wildkatzen, weiter die Rhön und die nordbayerischen Waldgebiete erreichen. Auf etwa der Hälfte der Strecke zwischen Hainich und Thüringer Wald liegen die Hörselberge. Dieser bewaldete Muschelkalkbogen könnte die Funktion eines Trittsteinbiotops übernehmen. Dennoch ist der Weg vom Hainich bis zum Thüringer Wald bisher eine Sackgasse.

Abbildung 1: Ackerlandschaft zwischen den südlichen Ausläufern des Hainichs und den Hörselbergen. Erhalten gebliebene Verbundstrukturen verlaufen von Ost nach West, in der «falschen» Richtung. Der entstehende Wildkatzenstreifen wird die Ackerflächen auf 1,2 km Länge und 50 m Breite von Nord nach Süd durchqueren. Foto: Thomas Stephan

Untersuchungen im Rahmen des Projekts «Artenschutzprogramm für die Wildkatze im Freistaat Thüringen» (Mölich 1999, Mölich & Klaus 2003) haben gezeigt, dass Wildkatzen keine Pfote in die ausgeräumte Agrarlandschaft setzen (Abbildung 1). Zudem verläuft die Autobahn A4 in Ost-West-Richtung entlang des Südrandes der Hörselberge und bildet eine starke Barriere für wandernde Tierarten, die auch diesen Trittstein-Lebensraum stark belastet.

Ein Brückenschlag für die Wildkatze

Daher schlug der BUND Thüringen 1999 erstmals den Aufbau eines «Grünen Korridors» vom Südrand des Nationalparks Hainich bis zum Nordrand des Thüringer Waldes vor (Mölich 1999). Dieser Brückenschlag soll das Rückgrat einer großräumigen Verbundachse bilden, die vom Nationalpark Harz über den Nationalpark Hainich bis zum Thüringer Wald reicht und sich nach Süden in die Laubwaldgebiete Hassberge, Steigerwald, Rhön und Spessart fortsetzt. Um den Brückenschlag zu verwirklichen, sollen auch Ausgleichs- und Ersatzmaßnahmen im Zuge der Verlegung der Autobahn A 4 östlich von Eisenach genutzt werden (Abbildung 2).

Abbildung 2: Die Abschnitte des Korridors Hainich–Thüringer Wald. Quelle: BUND Thüringen. Gestaltung: Atelier Papenfuss, Weimar

1 Nationalpark Hainich

Der Nationalpark Hainich ist ein Wildkatzenlebensraum, wie er im Buche steht, aber recht klein. Junge Wildkatzen müssen sich daher neue Reviere suchen.

2 Biotopverbundstrukturen

Südöstlich des Nationalparks Hainich finden Wildkatzen zunächst eine sichere Route nach Süden.

3 Ackerflur

Bereich des hier beschriebenen Korridorabschnitts zwischen geplanter Autobahnbrücke und Hörselbergen. Kilometerweit ausgeräumte Ackerflur beendet die Reise. Jetzt entsteht ein 50 m breiter Waldstreifen, der bis zu den Hörselbergen führt. Die Wildkatzen können diesen natürlichen Trittstein mit Hilfe des «Wildkatzenstreifens» wieder erreichen.

4 Hörselberge

Die Hörselberge waren früher von Wildkatzen besiedelt. Heute ist dieser Lebensraum durch die Autobahn für viele Tierarten zu einer Falle geworden. Mit der Verlegung der A4 aus vorwiegend verkehrstechnischen Gründen ergeben sich neue Chancen, die im Rettungsnetz Wildkatze vom BUND mitgestaltet werden. Der Rückbau der alten Trasse im Abschnitt Hörselberge ist als Teil der Ausgleichs- und Ersatzmaßnahmen planfestgestellt.

5 Biotopverbundstrukturen

Nur am Ostrand der Hörselberge haben Wildkatzen gute Chancen den Thüringer Wald zu erreichen. Hier beginnt der letzte Abschnitt des Korridors Hainich–Thüringer Wald.

Im Auftrag des BUND Thüringen arbeitet die Thüringer Landgesellschaft an der Realisierung dieses Abschnitts.

6 Thüringer Wald

Legende zu Abbildung 2

Die folgende Tabelle gibt die Chronologie der Teilschritte wieder, die letztlich zur Umsetzung des mit Abstand schwierigsten Abschnittes im Korridor Hainich–Thüringer Wald führten.

Chronik des Korridors Hainich–Thüringer Wald, im Abschnitt Hörselberge	
1996–1999	Das Projekt *«Artenschutzprogramm für die Wildkatze im Freistaat Thüringen (ASP)»** liefert neue Daten zu Verbreitung und Raumnutzungsverhalten autochthoner Wildkatzen im Hainich. Im Abschlussbericht formuliert der BUND Thüringen erstmals die Idee eines *Brückenschlages für die Wildkatze vom Hainich zum Thüringer Wald.* * Gefördert vom Thüringer Ministerium für Landwirtschaft, Naturschutz und Umwelt und der Deutschen Umwelthilfe. Träger: Bund für Umwelt und Naturschutz Deutschland, Landesverband Thüringen e.V. (BUND Thüringen)
2000–2002	Die Thüringer Landesanstalt für Umwelt und Geologie (TLUG) erstellt ein *«Grünbrückenkonzept Thüringen»* unter Berücksichtigung des ASP Wildkatze mit der Wildkatze als Zielart für den Waldbiotopverbund. Der Maßnahmenplan des ASP Wildkatze wird im Hinblick auf Biotopverbundmaßnahmen jedoch nicht umgesetzt. Die Nationalparkverwaltung Hainich macht die Wildkatze zu einem wichtigen Thema ihrer Öffentlichkeitsarbeit.* Beim Schutzgebietsmanagement werden die Belange der Wildkatze entsprechend den Empfehlungen des ASP berücksichtigt.** * z. B. Wildkatzenkalender, Wildkatzenführungen, Wildkatzenposter im Rahmen der Kampagne «Fahrtziel Natur» der Deutschen Bahn, Internetspiel u. v. m. ** z. B. Berücksichtigung der Freilanddaten bei Wegeplanung / Besucherlenkung, angepasstes Vorgehen bei der Munitionsbergung auf den ehemaligen Truppenübungsplätzen des Hainchs, Sensibilisierung der Jäger

2002	Beteiligung der Träger öffentlicher Belange am *Planfeststellungsverfahren der DEGES* zu Verlegung und Ausbau der Autobahn A4* im Abschnitt der Hörselberge. BUND Thüringen und Nationalparkverwaltung Hainich verweisen auf Wildkatzendaten, kritisieren die im Rahmen der Ausgleichs- und Ersatzmaßnahmen vorgeschlagenen Biotopverbundmaßnahmen als unzureichend für die Wildkatze und fordern u. a. statt der vorgesehenen 10 Meter mindestens 50 Meter breite Gehölzstreifen. * Deutsche Einheit Fernstraßen Planungs- und Bau Gesellschaft m. b. H
2003	Der BUND Thüringen bereitet eine Antragstellung an die Deutsche Bundesstiftung Umwelt vor, mit dem Ziel der Umsetzung von Maßnahmen, die im ASP formuliert wurden.
Januar 2004	Im *Planfeststellungsbeschluss A4* (s. o.) werden die vorgesehenen Vernetzungsstrukturen auf 20 Meter Breite festgesetzt. Dies entspricht gegenüber dem ursprünglichen Konzept der DEGES einer Verdopplung des Flächenanteiles, der für Biotopverbundmaßnahmen zur Verfügung stehen wird.
Juli 2004	Start des länderübergreifenden Projekts *«Ein Rettungsnetz für die Wildkatze»** Einrichtung der zentralen Koordinationsstelle *Projektbüro Wildkatze.* * Gefördert durch die Deutsche Bundesstiftung Umwelt (DBU) und die Zoologische Gesellschaft Frankfurt (ZGF)
Juli 2004	Seit Juli 2002 laufen (unabhängig von den oben genannten Projekten) *fünf Flurneuordnungsverfahren* im Bereich der Hörselberge. Verfahrensträger ist das Amt für Landentwicklung und Flurneuordnung (ALF) Meiningen. Die Verfahren treten jetzt in die *Phase der Beteiligung der Träger öffentlicher Belange* ein. Der BUND informiert im Rahmen der Anhörung nach § 38 Flurbereinigungsgesetz (FlurbG) über das Projekt Rettungsnetz Wildkatze und die Bedeutung eines Korridors «Hainich–Thüringer Wald». Er empfiehlt im Rahmen des Verfahrens zur Flurneuordnung, den in das Verfahrensgebiet fallenden und wichtigsten Korridorabschnitt «Hainaer Holz–Hörselberge» als Glied eines überregionalen Biotopverbundes für die Wildkatze in angemessener Dimension umzusetzen, und verweigert – als einziger Beteiligter der Anhörung – dem Verfahren die Zustimmung, solange dieser Aspekt unberücksichtigt bleibt.
November 2004	*Das Thüringer Ministerium für Landwirtschaft, Naturschutz und Umwelt* (TMLNU) lädt, nach Vorgesprächen mit dem BUND, das ALF, BUND, Thüringer Landgesellschaft (ThLG) und Vertretern der Naturschutz- und Forstfachbehörden zur *Sitzung «Flächenpool Wildkatze in Thüringen»* ein. Das ALF schlägt vor, *Ausgleichs- und Ersatzmaßnahmen der DEGES im Rahmen der Flurneuordnungverfahren zu bündeln.* So könnte dem Verbundkonzept des BUND entsprechend in ausgeräumter Ackerlandschaft ein Migrationsstreifen von 50 Meter Breite entstehen, und zwar dort, wo die einzige großräumige Unterquerungsmöglichkeit der A4 besteht (vgl. Abbildung 1 – Autobahn führt dort über 400 Meter langes Brückenbauwerk). Dafür würden an anderer Stelle geplante Gehölzstreifen geringer dimensioniert, so dass den Landwirtschaftsbetrieben, die von der Verlegung der A4 betroffen sind, keine weiteren Flächen entzogen werden. Das *TMLNU befürwortet einen Antrag auf Änderung der planfestgestellten Maßnahmen der DEGES,* sofern bzgl. aller neuen Maßnahmen im Rahmen der Flurneuordnung mit allen Beteiligten Konsens erzielt werden kann. Insbesondere müssen beide Planfeststellungsbehörden zustimmen.

März 2005	Das ALF lädt ein zur *Beratung zur geplanten Umsetzung des BUND-Projekts «Ein Rettungsnetz für die Wildkatze im Bereich Hörselberge* – Flurbereinigungsverfahren Wenigenlupnitz und Großenlupnitz; Neubau BAB A4, Umfahrung Hörselberge». Teilnehmende Parteien: TMLNU (Abt. Forsten, Abt. Ländlicher Raum); Staatliches Umweltamt; Landesanstalt für Umwelt und Geologie; Landesanstalt für Wald, Jagd und Fischerei; Thüringer Landesverwaltungsamt – Obere Naturschutzbehörde; DEGES; Agrargenossenschaft Wenigenlupnitz / Großenlupnitz; Teilnehmergemeinschaften Flurbereinigung Wenigenlupnitz / Großenlupnitz; Landwirtschaftsamt Eisenach; Thüringer Landgesellschaft. Es wird *Konsens über die Schaffung des «Wildkatzenkorridors»* erzielt. Die Thüringer Landgesellschaft wird damit beauftragt, mit den betroffenen Landwirten über verfügbare Flächen zu verhandeln. Das TMLNU sichert die *«Veranlassung der Änderung der planfestgestellten Ausgleichs- und Ersatzmaßnahmen A4/Hörselberge* zur Verbreiterung des Wildkatzenkorridors von 20 auf 50 m» zu.
August 2005	Das *Thüringer Ministerium für Bau und Verkehr (TMBV) stimmt den geplanten Änderungen zu.*
September 2005	Auf Anfrage des ALF legt das Projektbüro Wildkatze des BUND ein Konzept für die *Bepflanzung und Gestaltung des geplanten Wildkatzenkorridors* vor.
Februar 2006	*Beratung des Konzeptentwurfs auf Einladung des ALF* (Teilnehmerkreis wie März 2005). Das Konzept wird diskutiert und mit kleineren Änderungen versehen von den Teilnehmern angenommen.
April 2006	Der BUND Thüringen beauftragt die Thüringer Landgesellschaft damit, die Flächenverfügbarkeit auch für den südlichen Abschnitt des Korridors Hainich–Thüringer Wald herzustellen (Hörselberge–Thüringer Wald; Umsetzung 2007 erwartet).
Sommer 2006	Plangenehmigung des Wege- und Gewässerplans inklusive der aufgeführten Änderung durch das TMLNU erwartet. Dann Ausschreibung der Maßnahmen durch die Teilnehmergemeinschaft des Flurneuordnungsverfahrens Wenigenlupnitz vorgesehen.
November 2006	*Umsetzung* (Gestaltung und Pflanzung) des Korridorabschnitts Hainich–Hörselberge erwartet (d. h. vor Beginn der Baumaßnahmen zur Verlegung der A4).

Fünf Gründe, weshalb der Brückenschlag gelang

Theoretisch standen nach dem Planfeststellungsbeschluss zur Verlegung der A4 ausreichend Flächen für das gut 1 Kilometer lange Teilstück des «Korridors Hainich–Thüringer Wald» zur Verfügung. Praktisch hätte dies aber nicht dazu geführt, dass im Planungsgebiet ein für die Wildkatze geeigneter Waldbiotopverbund umgesetzt worden wäre – das ursprüngliche Konzept der DEGES sah vor, die Flächen für Verbundelemente vergleichsweise stark zu streuen, bei Maximalbreiten von 20 (ursprünglich 10) Metern.

Erst die Einführung des «Wildkatzenaspekts» setzte einen Prozess in Gang, der zu einem Qualitätssprung führte was den Anteil und die Arrondierung der Flächen betraf, die für den Biotopverbund eingesetzt wurden.

Folgende Faktoren waren dafür aus Sicht des BUND ausschlaggebend:

1. Vertrauen durch Kontinuität

In Thüringen erfasst die Thüringer Landesanstalt für Umwelt und Geologie schon lange Totfunde von Wildkatzen zentral, die dann im Phyletischen Museum der Universität Jena untersucht und archiviert werden. Die Daten aus diesem zentralen Register reichen Jahrzehnte zurück und bildeten schon für das Projekt «Artenschutzprogramm Wildkatze» eine wichtige Datengrundlage, die fortlaufend ergänzt wird: Gemeinsam mit der Naturschutz- und Forstverwaltung bemüht sich seit 10 Jahren auch der BUND darum, möglichst viele Exemplare tot aufgefundener Wildkatzen – meist überfahrene Tiere – dieser wissenschaftlichen Untersuchung zuzuführen. So ist im Laufe der Zeit ein gut funktionierendes, informelles «Wildkatzennetzwerk» zwischen Behörden und Verband entstanden.

Im BUND Thüringen ist das Thema Wildkatze damit seit über 10 Jahren fest verankert und Bestandteil der Öffentlichkeitsarbeit. In Zusammenarbeit insbesondere mit dem Nationalpark Hainich wurde die Wildkatze in dieser Zeit als Sympathieträger und Leitart für den Verbund von Waldlebensräumen etabliert und vielen Menschen weit über die Region hinaus nahe gebracht. Auf dieser Grundlage entstand auch eine tragfähige Basis der Zusammenarbeit mit vielen Behörden und Institutionen.

Dank der Förderung durch die Deutsche Bundesstiftung Umwelt und die Zoologische Gesellschaft Frankfurt kann die Kontinuität der Arbeit mit der Wildkatze als Zielart des Naturschutzes weiterhin gewahrt werden – auch dies ist in der Diskussion um die Umsetzung von Schutzmaßnahmen ein Überzeugungsfaktor per se.

2. Fachkonzept mit Überzeugungskraft

Diese Kenntnisse und Aktivitäten um die Thüringer Wildkatzen führten zu einem einleuchtenden Konzept für einen *landesweiten* Verbund von Waldlebensräumen, in dem der «Korridor Hainich–Thüringer Wald» eine zentrale Rolle spielt (Mölich 1999). Der Gesichtspunkt der überregionalen Wirksamkeit dieser lokalen Maßnahme als Teil eines länderübergreifenden «Wildkatzenwegeplanes» hat sicher einen entscheidenden Einfluss bei der Gewinnung von Mitstreitern besessen.

3. Mit der Wildkatze erhielt der «Waldbiotopverbund» ein Gesicht

Mit der Wildkatze als «Aushängeschild» (fachlich gesagt als Zielart und Flagship-Species) erwies sich die Idee des Korridors als ein vergleichsweise sehr gut zu vermittelndes Naturschutzziel – der abstrakte Begriff «Waldbiotopverbund» erhielt mit der Wildkatze ein Gesicht. Als Zielart für den Verbund von Waldlebensräumen ist die Wildkatze (Felis silvestris) außerordentlich gut geeignet, da sie eine

- attraktive Art
- mit hohem Raumanspruch,
- starke Bindung an Wald bzw. reichlich Deckung bietende Strukturen,
- mit geringem Konfliktpotenzial (vergleicht man etwa mit Luchs oder Wolf)
- und kein Kulturfolger ist.

4. Allianz zwischen Naturschutz und Flurneuordnung

Als ein operationaler Schlüssel für die zeitnahe Umsetzung dieses Projekts erwies sich die Zusammenarbeit des BUND Thüringen mit der für Landentwicklung und Flurneuordnung zuständigen Behörde ALF/Meiningen (siehe Tabelle) und mit der Thüringer Landgesellschaft, die mit der Umsetzung des Flurneuordnungsverfahren beauftragt ist. Diese Partner verfügen über das erforderliche Instrumentarium und die Kontakte zur Herstellung der Flächenverfügbarkeit.

5. Umweltverband als Katalysator

Im Wechselspiel der unterschiedlichen Kräfte und Interessen erwies sich der BUND als beharrlichster Anwalt der Wildkatze und des von ihr repräsentierten Naturschutzziels. Als unabhängigem Verband war es ihm möglich, auch außerhalb des Systems behördlicher Entscheidungsprozesse zu agieren und so entscheidende Abläufe zu katalysieren. Dabei zahlte sich aus, dass der BUND über lange Jahre kontinuierlich am Thema Wildkatze arbeitet: Zum einen konnten wichtige Daten und Fachplanungen in den Prozess eingespeist werden, zum anderen fand die Zielsetzung die eindeutige Unterstützung des Thüringer Umweltministeriums.

Dank, Förderer

Die Autoren danken allen aktiv Beteiligten bei den genannten Behörden, Unternehmen und Institutionen sowie den haupt- und ehrenamtlichen Mitarbeitern im «Rettungsnetz Wildkatze» für ihr Engagement. Das Projekt «Ein Rettungsnetz für die Wildkatze» wird gefördert von der Deutschen Bundesstiftung Umwelt und der Zoologischen Gesellschaft Frankfurt.

Das Projekt «Artenschutzprogramm für die Wildkatze im Freistaat Thüringen» wurde gefördert vom Thüringer Ministerium für Landwirtschaft, Naturschutz und Umwelt und von der Deutschen Umwelthilfe.

Literatur

Brotons & Herrando (2001): Factors affecting bird communities in fragments of secondary pine forests in the north-western Mediterranean basin. Acta Oecologia 22: 21–31.

Frank, K., Tluk von Toschanowitz, K. & Kramerschadt, S. (2005): Straßen und Wildtierpopulationen in Modellen. Gaia 14/2: 107–112.

Mölich (1999): In: BUND Thüringen: – Unveröffentlichter Bericht an das Thüringer Ministerium für Landwirtschaft, Naturschutz und Umwelt: «Artenschutzprogramm für die Wildkatze im Freistaat Thüringen – Abschlussbericht mit Maßnahmenteil». S. 57.

Mölich, T. & Klaus, S. (2003): Die Wildkatze in Thüringen – Landschaftspflege und Naturschutz Thüringen, 40. Jg. (Sonderheft) 4, 2003.

Mühlenberg, M. & Hovestadt, T. (1992): Das Zielartenkonzept – NNA-Berichte (1): 36–41.

Völk & Glitzner (2000): Habitatzerschneidung für Schalenwild durch Autobahnen in Österreich und Ansätze zur Problemlösung. In: Landschaftspflege BAfNu (eds.) Zerschneidung als ökologischer Faktor. Laufener Seminarbeiträge 2/00. Laufen/Salzach. S. 9–36.

Roth, M., G. Walliser, K. Henle. K. Hertweck, U. Binner, A. Waterstraat, R. Klenke & A. Hagenguth (2001): Habitatzerschneidung und Landnutzungsstruktur – Auswirkungen auf populationsökologische Parameter und das Raum-Zeit-Muster marderartiger Säugetiere, Laufener Seminarbeiträge 2/00: 47–64.

Kapitel 4:

Vorschläge für das weitere Vorgehen

Welche Änderungen in der vorhandenen Verkehrsinfrastruktur können zur Problemlösung beitragen?

Bericht zur Arbeitsgruppe 1

Christian Lippold

Aufgabe dieser Arbeitsgruppe war es, technische Möglichkeiten und Maßnahmen zu diskutieren, mit denen die ökologische Durchlässigkeit an vorhandenen Straßen erhöht werden kann. Dabei zeigte sich, dass in der Planungspraxis weniger die Wahl der technischen Maßnahmen problematisch ist, da hier bereits Erfahrungen bei Neubaumaßnahmen vorliegen. So verschob sich der Schwerpunkt des Gesprächs auf die Randbedingungen, unter denen solche Maßnahmen umgesetzt werden können.

Die wesentlichen Ergebnisse:

1. *Warum sind Änderungen in der vorhandenen Verkehrsinfrastruktur (Straßen) notwendig?*
   Das vorhandene Straßennetz ist über viele Jahrzehnte gewachsen bzw. entstanden – ein Großteil der Netzlänge dabei im Vorkriegszeitraum (Landstraßennetz) oder in den 60er und 70er Jahren (Autobahnerweiterungen). Das betrifft also einen Zeitraum, in dem weder der Umweltschutz in dem heutigen Maße gesetzlich verankert war, noch Maßnahmen der ökologischen Durchlässigkeit eine so bedeutsame Rolle gespielt hätten. Die Nachteile hinsichtlich Zerschneidungswirkung, Mortalitätsraten und Emissionen treten jedoch im Bestand gleichermaßen oder sogar stärker auf, so dass hier der Bedarf für künftige Ansätze vorliegt.

2. *Wann können Änderungen im bestehenden Netz vorgenommen werden?*
   Grundsätzlich sind zwei Ansätze denkbar, die die ökologische Durchlässigkeit verbessern und Lebensraumkorridore schaffen können. Vorrang hätte dabei sicher ein Gesamtkonzept, das auf überregionalen, großräumigen Planungen der dafür zuständigen Naturschutzbehörden beruhen sollte. Ein solches Konzept, nach fachlichen Gesichtspunkten erstellt, wäre verkehrsträgerunabhängig und als Grundlage für eine langfristige Umsetzung anzusehen.
   Alternativ oder darauf aufbauend, könnten planmäßige Erneuerungs- und Umbaumaßnahmen an Straßen und Brücken dahin gehend geprüft werden,

ob sie Grundlage bzw. Bestandteil eines solchen Korridorkonzeptes sind oder sein können. Dann wäre eine Umgestaltung nicht nur nach bautechnisch-konstruktiven, sondern auch nach ökologischen Kriterien sinnvoll.

3. *Auf welcher Grundlage können solche Maßnahmen umgesetzt werden?*
   Bei Neubauvorhaben ist die Notwendigkeit naturschutzfachlicher Vermeidungs- und Minderungsmaßnahmen durch das Bundesnaturschutzgesetz verhältnismäßig klar geregelt.
   Für den Bestand des Straßennetzes liegt jedoch das «Veranlasserprinzip» ohne damit einhergehende Maßnahmen an der Straßenverkehrsanlage nicht vor. Hier steht die Straßenbauverwaltung juristisch nicht in der Pflicht, Maßnahmen umzusetzen. Demzufolge fehlt auch eine Begründung für die Verwendung von Haushaltsmitteln. Deshalb ist als Voraussetzung zu klären, auf wessen Veranlassung Lebensraumkorridore geschaffen werden sollen. Die Straßenbauverwaltung wird hier nur insofern als Beteiligte angesehen, wenn ohnehin Bau- oder Erneuerungsmaßnahmen vorgesehen sind oder wenn sie Konzeptelemente an ihren Verkehrsanlagen umsetzen soll. Denkbar wäre es, einen Fonds – vergleichbar mit dem Alleenfonds – einzurichten. Dieser könnte sich anteilig aus den Mauteinnahmen finanzieren. Im Einvernehmen mit den Naturschutzbehörden sollten dann z.B. Maßnahmen zur Schaffung von Lebensraumkorridoren an Bestandsstrecken auch als Kompensation bzw. Ausgleich für andere Straßenbaumaßnahmen anerkannt werden, sofern damit Vernetzungskonzepte besser umgesetzt werden können. Neben solchen Fragen bestehen bei einem Fonds eine Reihe weiterer haushaltsrechtlicher Probleme.

4. *Wo sind die Maßnahmen vorrangig sinnvoll?*
   An zweibahnig mehrstreifigen Straßen ist die Trennwirkung und damit das Konfliktpotenzial offensichtlich am höchsten. Fahrzeug-Rückhalteeinrichtungen, Breite des Straßenkörpers und Verkehrsaufkommen erlauben kaum noch Querungsmöglichkeiten für am Boden lebende Tierarten. Häufig unterbinden Wildschutzzäune (Verkehrssicherungspflicht) das Queren gänzlich.
   Dagegen ist es wohl leichter möglich, weniger stark belastete Landstraßen zu queren, sofern die Geometrie des Straßenkörpers unterstützend wirkt (Gradiente in der Ebene, leichter Einschnitt). Dammkörper, für die Schutzplanken mit unmittelbar abfallender Böschung charakteristisch sind, können schwer gequert werden.
   Der Querungsbedarf hängt maßgebend vom Verlauf des Lebensraumkorridors und den Kreuzungsstellen mit der Straßenverkehrsanlage ab, ebenso von Art und Anzahl der Tiere. Dies zu erfassen wird in der Regel Aufgabe des Korridorkonzeptes sein.

5. *Welche Maßnahmen sind möglich?*
   Theoretisch bestehen mehrere Möglichkeiten, die ökologische Durchlassfähigkeit von Straßen zu erhöhen. Sie reichen über die Anlage von Querungsbauwerken hinaus, sind aber auch unterschiedlich schwer umzusetzen. Im Einzelnen wurden diskutiert:
   - Rückbau von Straßen (nur in Fällen möglich, bei denen Ziele und Quellen des Verkehrs entfallen, z.B. aus raumordnerischen oder soziodemografischen Gründen);
   - Trassenverschiebungen (aus netzplanerischen Gründen meist nur begrenzt denkbar, zumal Rückbau und Verlegung als Neubau die Streckenlänge verändern und das Nutzen-Kosten-Verhältnis verschlechtern können);
   - Bündelung von Verkehrswegen (Straßen, Eisenbahnlinien, Kanäle, Stromleitungen usw., Nachteile wie vorstehend, außerdem können gebündelte Verkehrswege nur aufwändig mit Grünbrücken überspannt werden, Kostenteilung z.B. bei Straße und Bahn);
   - Änderung der Gradientenführung (Höherlegung, um Unterführungen oder Durchlässe anzulegen, praktikabel mit begrenztem planerischem und genehmigungsrechtlichem Aufwand, aber mit höheren Baukosten verbunden);
   - Belagswechsel von Deckschichten (unbefestigte Decken, gegebenenfalls nur mit Fahrspurbefestigungen, reduzieren die Versiegelung und erleichtern den Tieren die Querung; im klassifizierten Netz jedoch kaum umsetzbar);
   - Begrenzung der zulässigen Geschwindigkeit (niedrigere Geschwindigkeiten reduzieren das Kollisionsrisiko und vergrößern die Zeitlücken zum Queren; infrarotgesteuerte Lichtsignalanlagen können auf Tierannäherungen hinweisen; technisch möglich, Wirksamkeit und Akzeptanz solcher Anlagen müssten noch untersucht werden);
   - Überführungsbauwerke («Wildbrücken» sind wirkungsvoll und verhältnismäßig einfach auch im Bestand nachzurüsten, haben aber hohe Baukosten);
   - Aufweitung von Bauwerken im Zuge der Straße (Vergrößerung der lichten Weite, gegebenenfalls auch der lichten Höhe, kann Querungsmöglichkeiten verbessern; dazu zählen z.B. die Einbeziehung der Uferrandstreifen bei Fließgewässern als Leitstruktur oder eine bessere Durchlichtung, nur möglich bei grundhaften Erneuerungsarbeiten am Bauwerk, planbar über Informationen aus dem Brückenkataster);
   - «Umbau» nicht mehr benötigter Überführungsbauwerke zu Wildbrücken.

Die «Forschungsgesellschaft für Straßen- und Verkehrswesen» hat «Hinweise zur Anlage von Querungshilfen für Tiere an Straßen» erarbeitet. Sie liegen in einem verfestigten Stand vor und sollen für die Drucklegung noch im Jahr 2006 vorbereitet werden.
Darin sind auch Ausführungen zu den technischen Möglichkeiten für die Vernetzung von Lebensräumen enthalten. Sie hängen von den Biotoptypen und bei Sonderlösungen von der jeweiligen Tierart ab. Das Merkblatt beschreibt detailliert:

- Durchlässe (Wilddurchlass, Grabendurchlass, Kleintierdurchlass),
- Brücken (Grünbrücken, Wildbrücken, Grünunterführungen, Talbrücken),
- Fließgewässerquerungen,
- Landschaftstunnel.

Zur konkreten bautechnischen und landschaftsgerechten Gestaltung wird darauf verwiesen.

6. *Welche Hinweise und Probleme gibt es?*
Die Arbeitsgruppe hat Praxisbeispiele erörtert und Fragen beziehungsweise Themenschwerpunkte abgeleitet, die in die weitere Diskussion zur Umsetzung von Lebensraumkorridoren einbezogen werden sollten.
    - Es werden verbindliche Grundlagen für die wirtschaftliche Dimensionierung von Ingenieurbauwerken benötigt, denen Naturschutzbehörden und Rechnungshöfe gleichermaßen zustimmen.
    - Bei der Wirksamkeit von Querungshilfen (Ingenieurbauwerken) ist dabei auch zu entscheiden, ob nicht kürzere Bauwerke, dafür aber in größerer Anzahl, effektiver sind.
    - Bauwerke sollten als Kompensationsmaßnahmen in der Ausgleichsverpflichtung gerade aufgrund ihrer hohen Kosten anerkannt werden. Das betrifft besonders Bauwerke, die im Rahmen einer Straßenbaumaßnahme an einer anderen – nicht betroffenen – Straße angeordnet werden, um die Gesamtvernetzung zu ermöglichen.
    - Können Aufforstungen statt als Fläche auch linienhaft umgesetzt werden, um Leitstrukturen zu schaffen? Steht dies im naturräumlichen Zusammenhang, und ist dies auch grunderwerbsrechtlich zu begründen (z. B. bei Besitzeinweisungen)?
    - Führen nachträglich angeordnete Wildschutzzäune (Verkehrssicherungspflicht) eventuell sogar zu einer Ausgleichsverpflichtung, da durch diese Maßnahme ein Eingriff in die ökologische Durchlässigkeit gegenüber dem Status quo erfolgt ist?

Fazit: Durch spezielle Querungshilfen lässt sich die ökologische Durchlässigkeit am Verkehrsbauwerk Straße am besten erreichen. Lebensraumkorridore zu schaffen bedeutet daher für die Straßenbauverwaltung umfangreiche und kostenintensive Baumaßnahmen.

Problematisch ist weniger die ingenieurmäßige Ausführung und Umsetzung. Durch Neubaumaßnahmen liegen hier bereits umfangreiche Erfahrungen vor. Schwieriger ist es, die haushaltsrechtlichen und genehmigungsrechtlichen Voraussetzungen zu klären.

Kleinere, Kosten sparende Maßnahmen unterhalb des Regelwerkes als erster Schritt müssen durch Untersuchungen zur Wirksamkeit ergänzt werden. Spezielle Programme in der freiwilligen Selbstverpflichtung eines Bundeslandes können weitere Ansätze sein, um Lebensraumkorridore zu schaffen (z. B. Artenschutz-, Amphibienschutzprogramme).

Wie können gegensätzliche Interessen im Planungsprozess zusammengeführt werden?

Bericht zur Arbeitsgruppe 2

Dieter Günnewig

Die Schaffung von Lebensraumkorridoren hat bisher kein verbindliches Programm

Die lebhafte und auch kontroverse Diskussion in der Arbeitsgruppe begann mit der Feststellung, dass es derzeit in Deutschland keinen etablierten Planungsprozess gibt, der einen gesetzlichen oder programmatischen Auftrag hätte, Lebensraumkorridore zu schaffen. Weder existiert ein politischer Handlungsrahmen noch ein finanziell ausgestattetes Programm, das – vergleichbar dem staatlichen «Ontsnippering»-Programm in den Niederlanden – planerische Möglichkeiten eröffnet, das vorhandene Verkehrswegenetz durchlässiger zu machen. Somit diskutierten die Teilnehmer zunächst, wie ein Planungsprozess zur «Entschneidung» aussehen könnte und wo die strategischen Ansatzpunkte gesehen werden.

Dabei wurde betont, dass derartige Konzepte und Lösungen nicht zu eng auf das fachplanerische Maßnahmenbündel des Verkehrs beschränkt werden dürfen, d.h. insbesondere nicht nur darauf, Trassen und Bauwerke durchlässiger zu gestalten. Nötig ist vielmehr ein umfassender programmatischer Ansatz, der auch gebietsbezogene Maßnahmen zur Lebensraumverbesserung beinhaltet. Die Höhe der eingesetzten finanziellen Ressourcen muss dabei immer auch in einem gesunden Verhältnis zum erzielten Nutzen stehen: So kann z.B. eine gezielte Wiederansiedlungsmaßnahme in geeigneten, jedoch isolierten oder von den Hauptvorkommen und Hauptwanderbeziehungen abgeschnittenen Gebieten wirkungsvoller sein, als aufwändig und teuer eine Grünbrücke anzulegen, deren Erfolg auch hinter den Erwartungen zurückbleiben kann.

Begleitstrategien für eine «Entschneidungspolitik»

Aus dem Vergleich mit den Niederlanden wird deutlich, dass es eine wichtige Begleitstrategie sein dürfte, die Bevölkerung für das Thema zu sensibilisieren und auch zu emotionalisieren. Dort war der Tod zahlreicher Dachse im Straßenverkehr

Anlass für eine breitere öffentliche Diskussion. Die Anteilnahme großer Teile der Bevölkerung verlieh dem Problem ein ausreichendes politisches Gewicht und aktivierte die Politiker.

Weitere Voraussetzungen für erfolgreiche Begleitstrategien sind:

- Kampagne zum Schutz von Arten wie dem Dachs in den Niederlanden oder der Wildkatze in Deutschland, die in der Bevölkerung positiv besetzt sind und zur einer Identifikation mit der betroffenen Tierwelt beitragen,
- eine gute Datenlage für die fachliche Argumentation.

Handlungsempfehlungen und Argumentationshilfen für den Straßenbau

Die etablierten Ebenen der Straßenplanung können auf unterschiedliche Weise dazu beitragen, die ökologische Verbundsituation der Lebensraumkorridore zu verbessern.

1. Konzeptioneller Ansatz auf der Ebene strategischer Pläne und Programme mit der SUP

Das Instrument der Strategischen Umweltprüfung (SUP) von Verkehrsplänen bzw. -programmen wie dem Bundesverkehrswegeplan, einem Bundesraumordnungsprogramm oder vergleichbarer Pläne auf Landesebene kann man dafür einsetzen, planerische Lösungen für Lebensraumkorridore zu entwickeln. Mit der SUP sollte es nicht nur darum gehen, neue Verkehrsprojekte zu beurteilen, sondern auch das vorhandene Netz gezielt zu überprüfen und Entscheidungsgrundlagen dafür zu schaffen, bestehende Konflikte und Barrieren im Verbund der Lebensraumkorridore zu entschärfen. Es gibt bereits fachlich erprobte und angewendete Methoden dafür, über eine «Flurbereinigung» die Verkehrstrassen gegebenenfalls zu verringern und die Verkehrsfunktionen auf geeigneten Strecken zu bündeln. Dadurch werden im Optimalfall Möglichkeiten geschaffen, vorhandene Netzelemente zurückzubauen. Ebenfalls können unter Nutzung geeigneter Fachdaten Standorte für Maßnahmen und Bauwerke, die die Durchlässigkeit verbessern, verortet und in einem Handlungsprogramm priorisiert werden (siehe Beitrag von Victoria Reiss-Enz und Friedrich Völk in diesem Buch zu Entschneidungsmaßnahmen im Fernstraßennetz Österreichs).

Die Erfolgschancen derartiger fachplanerischer Ansätze können argumentativ dadurch erhöht werden, dass auf strategischer Ebene die bestehenden Zielsynergien zu anderen staatlichen Aufgaben hergestellt und eingesetzt werden. Sowohl die Zielsetzungen der europäischen Umweltrichtlinien wie der Flora-Fauna-Habitat-(FFH)-Richtlinie (Art. 10 – Verbundkorridore) oder der Wasserrahmenrichtlinie (Durchgängigkeit der natürlichen Fließgewässer) als auch die nationalen Bestimmungen des § 3 Bundesnaturschutzgesetz zum Biotopverbund formulieren staatliche Aufgaben, die Durchlässigkeit des Systems und seiner relevanten Strukturen zu sichern und zu verbessern. Wichtig erscheint der Hinweis, dass es erhebliche Kosten verursachen kann, wenn versucht wird, die Pflicht zur Umsetzung von EU-Richtlinien «auszusitzen».

Entschneidung als Ergebnis von Planungen zur Netzerweiterung

Welche Möglichkeiten bieten sich bei der Planung zum Ausbau des vorhandenen Netzes? Es geht dabei ausdrücklich nicht darum, wie die Durchlässigkeit neuer Vorhaben optimiert werden kann, da solche Fragen bereits Gegenstand der einschlägigen Planungsbeiträge wie der Umweltverträglichkeitsstudie, der Eingriffsregelung im Landschaftspflegerischen Begleitplan (LBP) und gegebenenfalls auch einer FFH-Verträglichkeitsprüfung sind und in den Entscheidungen berücksichtigt werden.

Vielmehr geht es darum, wie die Trennwirkungen des vorhandenen Verkehrsnetzes zum Beispiel im Zuge von Ausbaumaßnahmen entschärft und durchlässiger gemacht werden können. Allein aufgrund erheblicher Beeinträchtigungen eines Ausbauvorhabens lässt sich üblicherweise noch nicht begründen, dass Maßnahmen zur Entschneidung nötig sind.

Dass es auch anders gehen kann, zeigt das Beispiel des 6-streifigen Ausbaus der Autobahn A7 im niedersächsischen Harzvorland. Die niedersächsische Straßenbauverwaltung nutzte hier die Möglichkeiten, die Kompensationserfordernisse aus dem Ausbau und den Kenntnisstand über die bereits bestehenden Konflikte an der Autobahn gezielt zu verbinden: Mit Hilfe von laufenden wissenschaftlichen Beobachtungen wurde das Vorkommen der Wildkatze im Plangebiet nachgewiesen und belegt, dass diese immer wieder versuchten, die Autobahn zu queren. Vorhandene Unterführungen nutzten die Wildkatzen offensichtlich nicht, weil sie nicht groß genug waren. Gleichzeitig gab es Nachweise, dass Wildkatzen, die versuchten, die Autobahn zu überqueren, nicht überlebt hatten. Die zuständigen Behörden konnten also naturschutzfachliche Argumente in die Planung einbringen und so mit dem Ausbauvorhaben die aktuelle Situation verbessern.

Die Straßenbauverwaltung nahm die Forderung von Naturschutzfachbehörden, Landesjägerschaft, Umweltverbänden und unteren Naturschutzbehörden nach einer Grünbrücke auf. In begleitenden Arbeitskreisen stimmten sich die Akteure ab, um die Maßnahme zu konkretisieren. Die Folge: Die Grünbrücke wurde in den Vorentwurf aufgenommen, der dem Bundesverkehrsministerium zur Prüfung vorgelegt wurde. Aufgrund fundierter und belastbarer Begründungen im LBP und im Erläuterungsbericht stimmte auch das Ministerium der Planung zu. Damit war die Finanzierung gesichert. Derzeit steht das Planfeststellungsverfahren an – die Straßenbauverwaltung erwartet keine Zulassungsprobleme.

So ein Vorgehen ist zwar kein Regel-, aber auch kein Einzelfall. Zerschneidungseffekte des Neubaus der A 20 bei Hamburg wurden beispielsweise durch Entschneidungen an einer kreuzenden Autobahn kompensiert.

Optimierung von Bauwerken

Außerdem weisen die Teilnehmerinnen und Teilnehmer der Arbeitgruppe auf Möglichkeiten hin, die sich aus vergleichsweise kleineren baulichen Veränderungen an vorhandenen Bauwerken ergeben, z. B. in einen betonierten Durchlass Boden aufzubringen oder störende Lagerflächen unter Brücken zu beseitigen. Hier ist die Kreativität der Straßenbauverwaltung gefragt, um kostengünstige und gleichwohl effiziente Kleinlösungen im Rahmen des Betriebs, des Bauwerksmanagements und der Unterhaltung zu finden und umzusetzen (siehe Beitrag von Udo Tegethof in diesem Buch). Es geht vor allem darum, die Mittel für die genannten Aufgabengebiete des Straßenwesens innerhalb der Fachverwaltung so einzusetzen, dass damit auch vorhandene Brücken, Durchlässe usw. verbessert werden.

Finanzierung

Angesichts der aktuellen Situation der öffentlichen Haushalte erscheint es schwierig, Maßnahmen zur Entschneidung zu finanzieren. Die Interessengegensätze, wie das knappe Geld verwendet werden soll, treten offen zu Tage. Daher sind gute Argumente und Ideen wichtig, die offensiv in die Diskussion eingebracht werden. Der Vorschlag, Mittel für die Entschneidung in einem Bautitel zusammenzufassen («Grünbrückenpool»), ist sicherlich besonders sinnvoll, wenn derartige Maßnahmen nach Vergleich und Prioritätensetzung gezielt am geeigneten Standort eingesetzt werden. Die Chancen für ein staatliches Bauprogramm zur Entschneidung steigen in dem Maße, wie die entsprechenden Ziele von EU-Richtlinien verbindlich werden.

«Lebensräume schaffen» braucht eine Lobby

Kreative Lösungen sollten auf allen Ebenen gemeinsam gesucht werden. Es geht darum zu erkennen, dass Umweltbelange, wie die Erhaltung und Schaffung von ökologischen Verbundkorridoren für großräumig wandernde Tierarten oder die Sicherung der Funktionsfähigkeit der Lebenszyklen von Arten, die unterschiedliche Teillebensräume nutzen, berücksichtigt werden müssen, weil sie zunehmend wichtig sind, damit ein Verkehrsprojekt überhaupt zugelassen wird. Damit wird es auch wichtiger, vermeintliche Interessengegensätze in- und außerhalb der Straßenbauverwaltung konstruktiv und kommunikativ in eine «Win-win-Situation» zu führen. Hierzu braucht es glaubwürdige und unabhängige Akteure und Lobbyisten, die sich für die Konfliktlösung einsetzen und derartige Zusammenhänge transparent machen. Die Arbeitsgruppe fordert die Dr. Joachim und Hanna Schmidt Stiftung für Umwelt und Verkehr auf, sich entsprechend weiter für geeignete Strategien zur Schaffung von Lebensräumen einzusetzen.

Welche planerischen und rechtlichen Voraussetzungen sind nötig, um die bestehenden Zerschneidungen aufzuheben?

Bericht zur Arbeitsgruppe 3

Gertrude Penn-Bressel

Die Ausgangssituation – ziemlich verfahren?

Maßnahmen zur Entschneidung müssen auf einem konsistenten Konzept aufbauen, damit sie ihre Wirkung entfalten können. Darüber hinaus muss vermieden werden, dass durch neue (geplante) Eingriffe oder schleichende Entwicklungen neue Barrieren aufgetürmt werden. Wer kann auf welcher Grundlage ein derartiges Konzept vorlegen, und welche Realisierungschancen hätte es? Für eine zielgerichtete Beseitigung und Reparatur der «gewachsenen Altzerschneidungen» existiert derzeit allerdings kein spezielles Instrument. Es stellt sich deshalb auch die Frage, ob und wenn ja, welche gesetzlichen Grundlagen benötigt werden, um Programme zur Entschneidung in Gang zu setzen.

Maßnahmen zur Entschneidung erfordern oft erhebliche finanzielle Mittel. Potenzielle Maßnahmenträger zur Verringerung der «althergebrachten» Zerschneidung der Landschaft, insbesondere die Naturschutzbehörden, stoßen schnell an ihre finanziellen Grenzen. Nach dem Verursacherprinzip wäre es wünschenswert, wenn die Verursacher der Lebensraumzerschneidung zu Maßnahmen herangezogen werden könnten. Derzeit können die Verursacher im Rahmen der Anwendung der naturschutzrechtlichen Eingriffsregelung auf der Grundlage des Vermeidungsgebotes nach § 19 (1) BNatSchG verpflichtet werden, Zerschneidungen zu vermeiden. Damit lässt sich aber der Trend der zunehmenden Lebensraumzerschneidung nicht umkehren.

Bestenfalls ließe sich die Situation verbessern, indem durch geschicktes Handeln nur noch unempfindliche Räume neu zerschnitten werden, während die Kompensationsmaßnahmen zur Entschneidung bei wertvollen Räumen eingesetzt werden. Insgesamt ist dies keine befriedigende Situation.

Die Diskussion in der Arbeitsgruppe sollte sich vor diesem Hintergrund auf folgende Fragen konzentrieren:

- Wo sehen Sie derzeit die größten Hürden (konzeptionell, rechtlich, finanziell)?
- Wie können diese Hürden überwunden werden, was braucht man dazu, und wer muss was tun?

Henne oder Ei? Recht, Geld, Planung – was kommt zuerst?

Ein Teil der Diskussionsteilnehmer sah das Hauptproblem darin, dass die rechtlichen Grundlagen fehlen. Dieser Diskussionsstrang folgte diesem Muster:

1) Wenn eine rechtliche Grundlage geschaffen würde, die die Entschneidung der Landschaft auch in Altfällen zwingend vorschreibt, dann gäbe es auch Geld für die Maßnahmen.
2) Wenn Geld da wäre, dann würde auch konzeptionell gearbeitet. Planung ohne Chance der Realisierung wäre ja doch nur Zeitverschwendung.
3) Rechtliche Grundlagen wird es erst geben, wenn eine machbare planerische Konzeption mit Problembeschreibung und Visionen vorliegt. Erst dann kann man die Politik überzeugen, dass der Gesetzgeber handeln muss.
4) Und zurück zu 1) ad infinitum…

Es gab aber auch Stimmen, die vorrangig die fehlenden finanziellen und personellen Ressourcen für das Thema Entschneidung der Landschaft als Problemursache thematisierten:

- Es fehle nur am Geld. Mit Geld könne man etliche Maßnahmen zur Entschneidung durchführen. Rechtliche Hindernisse – auch in bestehenden Situationen und außerhalb der naturschutzrechtlichen Eingriffsregelung – gebe es im Grunde genommen nicht.
- Oft fehle bei den Naturschutzbehörden die Personalkapazität, um überhaupt ein erstes Fachkonzept zu machen, was, wo, mit welchen Maßnahmen erreicht werden soll. Wenn dann finanzielle Mittel in Aussicht stehen (z. B. aus der Eingriffsregelung), dann fehle eine schlüssige Konzeption, wo sie wie nutzbringend eingesetzt werden könnten. Mangels Vorratsplanung komme es dann zu Schnellschüssen mit einer suboptimalen Mittelverwendung – zum Nachteil naturschutzfachlicher Anliegen.

Einigkeit bestand insofern, dass ein fachplanerisches Konzept eine unabdingbare Voraussetzung sei, um überhaupt Maßnahmen zur Entschneidung anzustoßen. Wenn der Naturschutz seine Anliegen nicht artikulieren könne und nicht in der Lage sei, klar und allgemeinverständlich darzustellen, was das Problem ist und wie es gelöst werden soll, könne man weder vom Gesetzgeber noch von den möglichen

Maßnahmenträgern erwarten, dass sie für die Belange des Naturschutzes Geld oder sonstige Hilfsmittel zur Verfügung stellen. Deshalb fokussierte sich die Diskussion im nächsten Schritt auf Anforderungen an die konzeptionelle Ebene:

Konzeptionelle Vorarbeiten – was brauchen wir?

Einigkeit wurde zunächst erzielt, dass man konkrete Pläne brauche. Abstrakte Indikatoren (große unzerschnittene Räume, effektive Maschenweite) sind zur Vorbreitung von Maßnahmen nicht zielführend. Sie können zwar Entwicklungstrends auf Bundes- und Landesebene charakterisieren; Hinweise auf das, was zu tun ist, geben sie nicht.

Es wurde deshalb für Korridorkonzepte sowie Kartendarstellungen mit Prioritätenlisten für Maßnahmen zur Entschneidung plädiert, die die Ziele benennen. Sie sollten präzise genug sein, um den Adressaten der jeweiligen Maßnahme zu erkennen. Sie sollten aber zugleich nicht zu detailliert sein, damit vor Ort nach der besten Lösung gesucht werden kann. Angesichts der Dichte des Straßennetzes ist nach Auffassung einiger Teilnehmer eine «Flurbereinigung» im Straßennetz inklusive des vollständigen Rückbaus von Straßen angezeigt.

Fazit: Der Naturschutz ist gefordert, in Vorleistung zu gehen und Fachkonzepte zu erstellen.

Ansätze zur Vermeidung von Neuzerschneidung

Wie kann innerhalb des geltenden Rechts vermieden werden, dass die Landschaftszerschneidung weiter fortschreitet?

1. Neuplanung – mehr Konsequenz

Einen besonderen Stellenwert hat die Vorsorge: Frühzeitig sollte in Bedarfspläne, z.B. zum Straßenbau, eingegriffen und die Notwendigkeit von Projekten kritischer betrachtet werden. Einige Teilnehmer artikulierten, dass Deutschland bereits ein dichtes Straßennetz hat und weitere Straßen nicht gebraucht würden. Auch sollten in Bewertungsverfahren zur Beurteilung von Projekten die Schäden durch Landschaftszerschneidung künftig möglichst in monetarisierter Form[1] bilanziert werden.

1 Literatur: Gertrude Penn-Bressel: «Begrenzung der Landschaftszerschneidung bei der Planung von Verkehrswegen» in GAIA 14/2 (2005): S. 130–134.

Gefordert wurden noch deutlichere Anforderungen an die naturschutzrechtliche Eingriffsregelung. Insbesondere Ausgleichs- und Ersatzmaßnahmen sollten so geplant und umgesetzt werden, dass sie im Rahmen eines Entschneidungskonzeptes funktional wirksam sind.

Außerdem wurde darauf hingewiesen, dass auch bei der Neuausweisung von Baugebieten konsequenter als bisher darauf geachtet werden sollte, ob dadurch neue Barrieren in der Landschaft geschaffen werden. Die kommunale Bauleitplanung sollte dazu stärker in die Pflicht genommen und erforderlichenfalls dazu aufgefordert werden, im Rahmen der Regelungen des Baugesetzbuches für Ausgleich oder Ersatz zu sorgen. Die Umweltverträglichkeitsprüfung für Pläne und Programme sollte gestützt auf die oben genannten Korridorkonzepte und Prioritätenlisten die Notwendigkeit aufzeigen, Zerschneidung der Landschaft zu vermeiden oder Kompensationsmaßnahmen durchzuführen.

2. Bestand – Es geht auch anders

Es kam die Frage auf, ob die Anforderungen des EU-Programms Natura 2000 zur Herstellung eines zusammenhängenden Netzes besonders wichtiger europäischer Schutzgebiete die Maßnahmenträger veranlassen könnten, Maßnahmen zur Entschneidung einzuleiten. Schließlich handelt es sich hierbei um ein hochrangiges Ziel des Naturschutzes zum Erhalt der Arten, wozu sich Deutschland in internationalen Vereinbarungen verpflichtet hat. Es wurde jedoch eingewendet, dass sich angesichts der hohen Kosten von Entschneidungsmaßnahmen kaum ein Maßnahmenträger aufgerufen fühlt, ohne zwingenden Grund aktiv zu werden. Einzig die europäische Bedeutung von Flora-Fauna-Habitat-(FFH)-Gebieten und das Erfordernis, diese Gebiete zu erhalten und zu entwickeln, könnte – so argumentierten einige Teilnehmer – ein ausreichendes Gewicht entfalten, um auf Druck der Naturschutzbehörden Maßnahmen anzustoßen.

Vor diesem Hintergrund wurde erneut die Frage aufgeworfen: Muss nicht per Gesetz festgelegt werden, ob und wie Geld für Entschneidung ausgegeben wird?

Die zunächst sehr kontroverse Diskussion ergab am Ende, dass dies nicht zwingend der Fall ist. Auch Maßnahmenprogramme des Bundes und der Länder – allerdings unterlegt mit einem finanziellen Fundament (Haushaltstitel) – seien ausreichend. Als Beleg wurden zwei Beispiele benannt, bei denen bislang schon Sanierungsmaßnahmen durchgeführt werden, obwohl es dafür keine gesetzlich zwingende Grundlage gibt. In beiden Fällen reicht der Wille des Parlamentes bzw. der beteiligten Behörden, für diesen Zweck Gelder zur Verfügung zu stellen. Kleinere Maßnahmen unterhalb der Investitionsschwelle könnten auch aus Mitteln für die Straßenunterhaltung finanziert werden. Die Beispiele:

- *Das laufende Lärmsanierungsprogramm an Bundesfernstraßen und an Bundeseisenbahnen:* Obwohl im Bundesimmissionsschutzgesetz nicht gesetzlich geregelt, bewilligt der Bundestag schon seit mehr als zehn Jahren jährlich einen zweistelligen Millionenbetrag für Lärmsanierung an bestehenden Straßen in Form eines eigenen Haushaltstitels. Die Mittelverwendung durch die regionalen Straßenbauämter (Sanierungspegel, Art der Sanierungsmaßnahmen) wird durch eine Richtlinie des Bundesministeriums für Verkehr geregelt.
- *Programme der Länder zum Schutz von Amphibien:* Hier wurden auch bestehende Straßen nachträglich z.B. mit Krötentunneln ausgerüstet. Die Mittel kommen aus dem Straßenbauetat und teilweise aus dem Naturschutzetat.

Mehrfach wurde auf die Bedeutung von Regelungen unterhalb der Gesetzesebene (Richtlinien, Durchführungsverordnungen, Empfehlungen) hingewiesen. Bei der Eingriffsregelung gibt es auch kein Gesetz, wie zu kompensieren ist. Vorgaben werden in einigen Ländern durch gemeinsame Erlasse der Verkehrs- und Umweltministerien formuliert.

Fazit: Die Ministerien für Umwelt, Verkehr und Landwirtschaft des Bundes und der Länder sollten sich zu gemeinsamen Gesprächen zusammenfinden und dem Parlament geeignete Vorschläge unterbreiten. Zur Frage der Finanzierung gab es den Hinweis, dass Mittel aus dem Etat für Straßenneubau umgeschichtet werden könnten für den Straßenunterhalt und Entschneidungsmaßnahmen.

3. Maßnahmen auf Dauer anlegen

Es genügt nicht, Maßnahmen zur Entschneidung durchzuführen, sie müssen auch in ihrer Funktionsfähigkeit dauerhaft gesichert werden. Erforderlich ist, dass zum Beispiel die Zugangsflächen zu einer Grünbrücke im Rahmen von Planfestellungsverfahren nicht nur ausgewiesen, sondern am besten auch durch eine Baulast im Grundbuch gesichert werden.

Der gesamte Verlauf eines Verbindungskorridors sollte in die Ziele der Raumordnung und Landesplanung übernommen werden und mit deren Instrumenten (Landesentwicklungsplan, Regionalpläne) gegenüber der kommunalen Bauleitplanung (Flächennutzungspläne, Bebauungspläne) und einzelnen Bauvorhaben im Außenbereich durchgesetzt werden.

Wie können die Hürden überwunden werden? Was braucht man dazu, und wer muss was tun?

Da Neuplanungen unproblematisch sind, beziehen sich die folgenden Aussagen auf das bestehende Netz:

a) *Konzeptionell*
Nur auf der Basis einer vorhandenen Konzeption kann Überzeugungsarbeit für die Notwendigkeit von Maßnahmen geleistet werden.
   - Das *Bundesamt für Naturschutz* könnte Modellvorhaben initiieren (Konzeption und Maßnahmen)
   - *Landes- und Kreis-Naturschutzbehörden* sowie *Umweltverbände* sollten regionale Konzepte erstellen, die auf Handlungsträger vor Ort zielen, Konzeptionen mit örtlichen Verhältnissen abgleichen.
   - *Landes- und Regionalplanungsbehörden* sollten vorhandene oder geplante Korridore planerisch sichern; durch Baugebiete, neue Straßen oder sonstige Vorhaben sollen in den Korridoren keine neuen Barrieren geschaffen werden.

b) *Rechtlich*
Die rechtliche Seite der Entschneidungsmaßnahmen ist eher unproblematisch (siehe Amphibienschutzkonzepte, Lärmsanierungsprogramm), sofern der politische Wille und die Finanzierung gewährleistet sind.

c) Finanziell
Es stellt sich die Frage, aus welchen Quellen Gelder für Maßnahmen geschöpft werden könnten. Bei allen Maßnahmen ist nicht nur die erstmalige Herstellung zu klären, sondern auch die laufende Unterhaltung. Bei Anlagen mit Planfeststellung ist dies unproblematisch, weil der Baulastträger dann auch für die Unterhaltung aufkommen muss. Folgende Finanzquellen und Akteure wurden genannt:
   - Mittel aus der Eingriffsregelung bei Verkehrsprojekten (dies ist unbefriedigend, da zuvor ein Umweltschaden entstand); *Akteure: Straßenbauverwaltungen*
   - Mittel aus der Flurbereinigung (z.B. anlässlich Eingriffsregelung bei Neubaugebieten); eignen sich insbesondere für Wegeverbindungen und Trittsteinbiotope in Agrarlandschaften; *Akteure: Landgesellschaften* (diese verfügen angeblich oft über erhebliche Mittel und wissen keine sinnvolle Verwendungsmöglichkeit)

- EU-Förderung für Biotop- und Artenschutz (FFH, Natura 2000); *Akteure: Naturschutzverwaltungen*
- Tourismusförderung (Mensch + Natur); allerdings Fachkonzept erforderlich wegen möglicher kontraproduktiver Auswirkungen von nicht angepasstem Tourismus auf empfindliche Arten (Negativbeispiel: Angeln in Mecklenburg-Vorpommern); *Akteure: Naturschutzverwaltung gemeinsam mit Wirtschaftsförderung und Regionalplanung*
- ABM, freiwilliges Umweltjahr, sonstige ehrenamtliche Helfer; *Akteure: Naturschutzverwaltungen, Naturschutzverbände, Arbeitsagenturen*
- Einsparungen im vorhandenen System: Weniger Mittel für Neubau, mehr für die Nachrüstung und Unterhaltung von Straßen; *Akteure: Umwelt-, Verkehrs- und Finanzministerien; Naturschutz- und Straßenbauverwaltungen*
- Bundes- und Landesprogramme mit einem definierten Mittelansatz pro Jahr, analog zu Lärmsanierungsprogrammen oder Amphibienschutzprogrammen. *Akteure: Umwelt-, Verkehrs-, Finanzministerien; Naturschutz-, Straßenbau- und ggf. Flurbereinigungsämter, Landgesellschaften*

Konstruktive Lösungen können nur gefunden werden, wenn auf der Ebene des Bundes oder eines Landes die Ministerien für Umwelt, Verkehr sowie Finanzen (ggf. auch Landwirtschaft, Arbeit oder Wirtschaft) zu einer Einigung kommen. Den Anstoß dafür geben könnten die nachgeordneten Behörden des Bundes und der Länder, indem sie sich mit Vorschlägen an ihre Ministerien wenden. Derartige Programme müssen natürlich in den Haushalt eingestellt werde und das Parlament muss zustimmen. Die Einzelheiten der Planung und Durchführung könnten durch Verwaltungsvorschriften oder Richtlinien geregelt werden. Geeignete Foren zur Diskussion einheitlicher Lösungen in Bund und Ländern sind auch die Umweltministerkonferenz, die Verkehrsministerkonferenz oder die Ministerkonferenz für Raumordnung. Letztere hat schon 1992 ein Papier zum Problem der Landschaftszerschneidung vorgelegt. Diese Gremien können auch Musterverwaltungsvorschriften oder gemeinsame Richtlinien erarbeiten.

Auch Abgeordnete oder Fraktionen in den Parlamenten oder Parteien können natürlich Anstöße für derartige Programme geben. Besonders wichtig sind die Umwelt- und Naturschutzverbände sowie die Medien, die diese Forderung öffentlichkeitswirksam propagieren könnten.

Wie sieht eine erfolgreiche Kommunikations- und Marketingstrategie aus?

Bericht zur Arbeitsgruppe 4

Heike Leitschuh-Fecht

Die Arbeitsgruppe wollte drei Fragen beantworten:
1. Welche Ziele sollen mit der Kommunikation erreicht werden?
2. Wo liegen derzeit die Defizite der Kommunikation?
3. Wie können die Defizite beseitigt werden? Was soll sich ändern?

1. Welche Ziele sollen erreicht werden?

- Letztendlich, so formulierten es die Teilnehmerinnen und Teilnehmer der Arbeitsgruppe, solle der Naturschutz in seiner Bedeutung gleichberechtigt werden mit anderen Zielen in Deutschland, wie zum Beispiel wirtschaftliche Prosperität, sozialer Friede oder Sicherheit.
- Für das Thema «Schaffung von Lebensraumkorridoren» bedeute dies konkret, dass es einen *Bundesnaturschutzplan* geben sollte, der klare und ehrgeizige Ziele enthalten solle (siehe zum Beispiel Bericht zur Arbeitsgruppe 3).
- Um dies zu erreichen, muss sich das bestehende Wertesystem der Gesellschaft ändern, bei dem die Ziele und Belange des Naturschutzes in der Regel nur eine nachgeordnete Bedeutung haben. Gerade in den letzten Jahren sind angesichts hoher und wachsender Arbeitslosigkeit die alten, fast überwunden geglaubten Argumentationsmuster («erst muss die Wirtschaft florieren, dann kann man an anderes denken» oder auch: «Umwelt- und Naturschutz behindern die Wirtschaftsentwicklung») wieder verstärkt zu hören. Eine Erfolg versprechende Kommunikationsstrategie muss also versuchen, auf dieses Wertesystem Einfluss zu nehmen.

2. Wo liegen die Defizite der Kommunikation?

Die Teilnehmer der Arbeitsgruppe waren übereinstimmend der Auffassung, dass die Vertreterinnen und Vertreter des Naturschutzes ihr Anliegen in der Öffentlichkeit nicht gut genug vertreten und daher auch nicht richtig gehört werden, geschweige denn ausreichend einflussreich sind. Das Image des Naturschutzes sei vergleichsweise schlecht und die Wertschätzung, die ihm die Bevölkerung entgegenbringe, zu gering. Dies habe verschiedene Gründe:

- Zum einen seien die Ziele nicht klar genug definiert, mit anderen Worten: Man weiß nicht immer genau, was man eigentlich will, beziehungsweise, die verschiedenen Gruppen im Naturschutz ziehen nicht genug an einem Strang.
- Dies wiederum liege daran, dass es intern noch zu häufig Konkurrenzverhalten gebe, wohingegen eigentlich kooperatives Verhalten angesagt wäre.
- Die Sprache und Begriffe, die die Naturschützer in ihrer Kommunikation verwenden, seien häufig unattraktiv. So würden viele Dinge für Nichtfachleute viel zu kompliziert erklärt, die Thematik werde nicht in das Alltagsbewusstsein der Adressaten übertragen und vieles bleibe viel zu abstrakt und seelenlos und könne somit die Herzen der Menschen nicht erreichen.
- Eine Ursache dafür sei, dass die Akteure nicht gut genug ausgebildet seien, um auf den verschieden Ebenen erfolgreich zu kommunizieren.

3. Wie können die Defizite beseitigt werden? Was soll sich ändern?

Die Teilnehmer der Arbeitsgruppe unterschieden zwei Handlungsfelder:
- die interne Kommunikation, also die zwischen den verschiedenen beteiligten Akteuren in der Diskussion um Maßnahmen zur Schaffung von Lebensraumkorridoren (Straßenbau, Naturschutz, Landwirte usw.)
- die externe Kommunikation gegenüber der breiten Öffentlichkeit sowie gegenüber Politik und Wirtschaft

Was die *interne Kommunikation* anbelangt, so sollte diese Diskussion – wenn es um konkrete Maßnahmen zur Verbesserung der Situation geht – ergebnisoffener, ehrlicher und «naiver» geführt werden. Das heißt, die Vertreterinnen und Vertreter des Natur- und Artenschutzes sollten nicht bereits mit festgezurrten Vorstellungen in die Gespräche gehen, sondern zunächst bereit sein, unvoreingenommen über alle Varianten und Möglichkeiten zu sprechen. Entscheidend sei, was «unter dem Strich» herauskomme.

Um die *externe Kommunikation* zu verbessern, schlägt die Arbeitsgruppe vor:

- Eine umfassende Kommunikationsstrategie zu erarbeiten, die folgende Elemente enthält bzw. folgenden Anforderungen gerecht wird:

  - Was soll kommuniziert werden? Leitarten, einprägsame Fallbeispiele, bildliche Visionen
  - Die Sprache: Die Ziele des Naturschutzes müssen für eine breite Öffentlichkeit verstehbar sein, d.h. in eine Sprache übersetzt werden, die eingängig ist und positive Assoziationen auslöst (z.B. «Romeo will zu seiner Julia», «Artenreichtum» statt «Biologische Vielfalt»; anschaulich und emotional
  - Definition der verschiedenen Zielgruppen und Überlegungen, wie diese ansprechbar sind: z.B. «Große Tiere umsonst und nicht nur im Zoo», «Hirschlein geht auf Wanderschaft», «Damit der Bock zur Rieke kommt»
  - Professionelles Marketing: Es braucht Bilder und Geschichten, die Emotionen wecken, das bereits vorhandene Material muss besser genutzt werden
  - der persönliche Nutzen für die Bevölkerung muss herausgestellt werden
  - Aktionen für die Öffentlichkeit
  - kontinuierliche Öffentlichkeits- und Pressearbeit
  - Nutzung der neuen Medien
  - Ergebnisse der Maßnahmen sollten den Beteiligten (Unternehmen, Arbeitern, Landwirten) gezeigt und mit ihnen reflektiert werden («vom Ich zum Wir»)
  - Wer sollte die Kommunikation in die Hand nehmen? Bundesamt für Naturschutz sowie Umwelt- und Naturschutzverbände, wie z.B. NABU, WWF, Bundesjagdverband.
- wichtige Akteure, die noch nicht beteiligt sind, sollten mit «ins Boot geholt» werden (z.B. Kirchen)
- es sollten Angebote für die Schulung der Naturschützer in Fragen der Kommunikation geschaffen werden (diese Leistung sollte aber auch honoriert werden)
- die Workshopteilnehmer würden es begrüßen, wenn sich die Dr. Joachim und Hanna Schmidt Stiftung an der Entwicklung und wissenschaftlichen Erforschung von Kommunikationskonzepten zur Schaffung von Lebensraumkorridoren beteiligen könnte.

Zusammenfassung: Ein Lebensraumkorridor ist praktizierter Artenschutz

Heike Leitschuh-Fecht

In den Wäldern der Lausitz hat sich nach langer Zeit wieder ein Rudel Wölfe angesiedelt. Sie gehören zu den vielen Tierarten, die vom Aussterben bedroht sind, wie derzeit weltweit weitere 15 580 Arten. Das sind die Zahlen der Weltnaturschutzorganisation IUCN, deren ehemaliger Chef Achim Steiner nun Klaus Töpfer als Leiter des Umweltprogramms der Vereinten Nationen UNEP nachfolgt. Doch es bleibt nicht bei der Bedrohung allein. Schon jetzt sterben Tag für Tag rund 160 Arten aus, unwiederbringlich. Sehr viele davon sind noch gar nicht richtig erforscht, viele kennen wir noch nicht einmal. Bevor die Menschheit die Chance dazu hatte, sie zu entdecken, sind sie schon wieder verschwunden. Leben und Vergehen, das ist der Kreislauf der Natur. Altes muss Platz machen, damit Neues überhaupt entstehen kann. Doch der rasante Artenschwund, den wir nun erleben, ist nicht Teil eines natürlichen Kreislaufs, sondern weitgehend von Menschen verursacht und gefährlich: Die Folgen der globalen Klimaveränderungen spielen schon jetzt ein große Rolle und verschlechtern die Existenzbedingungen vieler Arten erheblich (z.B. durch Wüstenbildung, Versteppung, Erwärmung der Meere), ebenso führen Schadstoffeinträge zum Verlust von Lebensräumen, so wie Rodung, Bodenversiegelung oder die Zerschneidung der Landschaften mit Bebauung und Verkehrswegen.

Artenschwund ist nicht nur bedauerlich, weil unsere Welt damit ärmer wird an Formen, Farben, Geräuschen und Genen. Obwohl vielen Menschen kleine Arten, wie Insekten, nicht besonders interessant und schon gar nicht lebenswichtig erscheinen – wie oft werden Naturschützer belächelt, die sich für irgendeine besondere Schmetterlingsart stark machen –, «so sind sie dennoch Bausteine des weltweiten Ökosystems», schreibt der WWF Deutschland auf seiner Website. «Die Folgen ihres Verschwindens sind unkalkulierbar und bergen Risiken für das Fortbestehen auch unserer eigenen Art. Die Erträge der Landwirtschaft, der Fischerei und anderer Wirtschaftszweige sind direkt oder indirekt abhängig von Arten und ihren ökologischen Netzwerken. (...) Und Tiere und Pflanzen, die heute noch für den Menschen bedeutungslos erscheinen, haben vielleicht ein genetisches Potenzial für eine zukünftige Nutzung, etwa für die Herstellung von Medikamenten.» Wir wissen so vieles noch nicht...

Doch wir wissen, dass Artenschutz weit mehr ist als sentimentale Naturschwärmerei, obwohl auch die bloße Existenz eines Tiers, einer Pflanze an sich einen eigenen, von rationalen oder ökonomischen Interessen losgelösten Wert haben sollte. Und wir wissen auch, dass man etwas tun kann, zum Beispiel hier in Deutschland.

Das Problem: Verlust von Lebensräumen

Die Zerschneidung der Landschaft durch Verkehrswege hat immense Folgen für die Fauna und Flora, das wurde auf der Tagung der Dr. Joachim und Hanna Schmidt Stiftung für Umwelt und Verkehr sehr deutlich: Die Bestände des Fischotters zum Beispiel haben darunter sehr gelitten und auch die Wildkatze, denn sie braucht besonders viel Raum. In der Fachwelt wird vor allem beklagt, dass Habitate überbaut, verkleinert, isoliert und in ihrer Qualität beeinträchtigt werden, als auch die hohe Anzahl von Tieren, die den Verkehrstod sterben.

Dieser Prozess vollzieht sich kontinuierlich nun schon seit mehr als hundert Jahren. Landschaftszerschneidung entsteht aber nicht nur durch linienförmige Barrieren wie viel befahrene Straßen, Eisenbahnlinien oder Wasserstraßen. Auch Siedlungsbänder oder «ausgeräumte» Agrarlandschaften sind für viele wandernde Tiere unüberwindbare Hindernisse und stören ihr Ruhebedürfnis, ihre Sicherheit, desorientieren sie und/oder vermindern ihr Nahrungsangebot (siehe Beiträge von Marita Böttcher und Heinrich Reck sowie von Mathias Herrmann).

Das Problem ist bekannt und dennoch werden weiter Lebensräume zerschnitten, vor allem durch Straßen, aber auch Eisenbahntrassen.

Die Lösung: Korridore schaffen

Betrachtet man die aktuelle Situation und Rechtslage, so stellt man schnell fest, dass die eigentliche Herausforderung nicht nur dann entsteht, wenn eine Straße oder Trasse neu gebaut wird, zumindest nicht in Bezug auf unser Thema Zerschneidung von Lebensräumen. (Im Hinblick auf die Flächenversiegelung und die Folgen zunehmender Verkehrsströme generell entstehen natürlich schon viele weitere Probleme.) Das bestehende Recht enthält hier Regelungen, um die Folgen der Eingriffe zu vermeiden, zu vermindern, oder wenn beides nicht geht, wenigstens einen adäquaten Ausgleich zu schaffen.

Nicht so eindeutig ist der Gesetzgeber, wenn es um den Ausbau eines Verkehrsweges geht, und schon gar nicht, was das bestehende Verkehrsnetz anbelangt. Dennoch gibt es eine Fülle von internationalen, europäischen und nationalen Abkommen und Regelungen, auf die sich Naturschützer beziehen können, um ihr

Anliegen zu vertreten: Da ist zum Beispiel die internationale Konvention zur Biologischen Vielfalt (CDB) oder die Flora-Fauna-Habitat-Richtlinie der Europäischen Union, oder es gibt nationale Regelungen wie das Bundesnaturschutzgesetz (siehe Beitrag von Jochen Schumacher). Sie alle zusammengenommen bieten Möglichkeiten, die Lebensbedingungen für wild lebende Arten zu verbessern. Doch: Man muss es auch tun, und daran hapert es in vielen Fällen. Zunächst aber die Frage: Was genau ist zu tun?

So genannte Querungshilfen sollten für die Tiere geschaffen werden, die es ihnen ermöglichen, einen Verkehrsweg zu passieren. Diese können ganz unterschiedlich aussehen: Es können begrünte Brücken sein («Grünbrücken»), oder Unterführungen können so gestaltet werden, dass sie von Tieren als Passage angenommen werden. Sehr wichtig ist aber auch, Verbindungen zwischen bestehenden Korridoren zu schaffen bzw. zu erhalten, die die Landschaft insgesamt durchlässig machen. Maßnahmen wie diese lösen sicher nicht alle Probleme, aber sie können die Situation doch erheblich verbessern. Derzeit gibt es aber noch nicht genügend Instrumente, um solche Projekte zu realisieren (siehe Beitrag von Udo Tegethof).

Anregungen unserer Nachbarn im Ausland

Weiter sind da zum Beispiel unsere Nachbarn in angrenzenden Ländern: Sowohl die Niederlande als auch die Schweiz und Österreich haben mit ihren Naturschutzfachplänen eine rechtliche Grundlage geschaffen, um verbindlich ein Verbundnetz herzustellen.

Auf dieser Grundlage brachte die Regierung in den *Niederlanden* 2001 ein mehrjähriges Programm zur Entschneidung von Lebensräumen auf den Weg. 410 Millionen Euro stehen dafür zur Verfügung. Damit lässt sich eine Menge bewegen. So haben sich die Niederländer vorgenommen, bis 2018 die wichtigsten Barrieren zu beseitigen. Begleitet wird das ehrgeizige Projekt von einem Monitoring- und Forschungsprogramm (siehe Beitrag von Marita Böttcher).

Auch die *Schweiz* hat das Problem erkannt und handelt. Dort konnten sich Naturschützer und Straßenbauer, die sich lange Zeit kompromisslos behakelten, darauf verständigen, in den nächsten 10 bis 15 Jahren weitere 51 (24 gibt es schon) Wildtierpassagen anzulegen. Nicht nur ob, sondern auch wie dies geschehen solle, war lange Zeit strittig gewesen. Auch wenn das Geld dafür knapp ist, stimmt die Situation in der Schweiz hoffnungsvoll (siehe Beitrag von Antonio Righetti).

In *Österreich*, wo in den 90er Jahren die ersten Grünbrücken gebaut wurden, ist man besonders darum bemüht, einen effizienten und kostengünstigen Weg zu finden, um Passagen für Wildtiere zu schaffen bzw. zu erhalten. Dort hat man erkannt, dass man sich darum kümmern muss, bestehende Querungen langfristig zu sichern. Die neue Richtlinie «Wildschutz» soll sicherstellen, dass die planerischen Vorgaben auch eingehalten werden (siehe Beitrag von Viktoria Reiss-Enz und Friedrich Völk).

Projekte mit Vorbildcharakter

Auch wenn es in Deutschland noch an rechtlichen Grundlagen und Geld fehlt, um Lebensraumkorridore im erforderlichen Umfang zu schaffen, so gibt es doch auch immer wieder praktische Initiativen, die unmittelbar etwas verbessern und Vorbildcharakter haben. So zum Beispiel sollen mit dem Projekt *Das Blaue Metropolnetz* in der Region Hamburg Gewässerkorridore ausgewiesen werden, die die Lebensgrundlagen des Fischotters, einer stark bedrohten Art, verbessern sollen. Ziel des u. a. von der Dr. Schmidt Stiftung geförderten Projektes der «Aktion Fischotter e.V.» ist es, in Niedersachsen, Hamburg und Schleswig-Holstein ein durchgängiges Gewässernetz zu schaffen. Dies kann nur gelingen, wenn die Akteure der Region kooperieren (siehe Beitrag von Oskar Kölsch, Karsten Borggräfe, Anna Krekemeyer und Hans-Heinrich Krüger).

Ebenfalls von der Dr. Schmidt Stiftung gefördert hat, Nina Klar im Rahmen ihrer Doktorarbeit ein *Habitatmodell für die Wildkatze* entwickelt und auf dessen Grundlage beispielhaft in Rheinland-Pfalz Wildkatzenkorridore gesucht. Voraussetzung war es, genaue Kenntnisse über das Verhalten der Tiere zu bekommen, die häufig auf Straßen überfahren werden und deren Populationen daher stark gefährdet sind. Trittsteine und Leitstrukturen entlang der Korridore sowie Schutzzäune und Querungsmöglichkeiten können dieser Art helfen (siehe Beitrag von Nina Klar).

Ebenfalls um die Wildkatze kümmert sich das Projekt *Ein Rettungsnetz für die Wildkatze,* auf das sich der BUND in Thüringen mit Behörden, Straßenbauern und Landwirten einigen konnte. Hier sollen die Lebensräume der Wildkatzen länderübergreifend vernetzt werden. Es entsteht ein Biotopverbund, der entscheidend dazu beiträgt, den Nationalpark Hainich wieder mit dem Thüringer Wald zu verbinden. Die Autoren analysieren in ihrem Beitrag die Erfolgfaktoren, die dieses schwierige und bisher einmalige Projekt möglich machten (siehe Beitrag von Thomas Mölich und Burkhard Vogel).

Offene Fragen, Aufgaben für die Zukunft

In der Arbeitsgruppe 1 diskutierten die Expertinnen und Experten die Frage «*Welche Änderungen in der vorhandenen Verkehrsinfrastruktur können zur Problemlösung beitragen?*» und plädierten für ein Gesamtkonzept, das auf überregionalen, großräumigen Planungen der zuständigen Naturschutzbehörden beruhen sollte. Vorrangig seien Maßnahmen an mehrstreifigen stark befahrenen Straßen. Schwieriger als die praktische Ausführung von Querungshilfe sei es, die haushaltsrechtlichen und genehmigungspflichtigen Voraussetzungen zu klären. Trotzdem könne man schon mal mit kleinen, kostengünstigen Maßnahmen beginnen (siehe Bericht von Christian Lippold).

Die Aufgabe der Arbeitsgruppe 2 war es, Antworten auf die Frage zu geben, *wie gegensätzliche Interessen im Planungsprozess zusammengeführt werden können.* Allzu oft ziehen Verkehrswegebauer, Landwirte, Behörden und Naturschützer nicht an einem Strang. Die Teilnehmerinnen und Teilnehmer schlugen vor, das Instrument der Strategischen Umweltprüfung (SUP) stärker zur Entwicklung von planerischen Lösungen einzusetzen. Anhand von Beispielen wurde gezeigt, dass es auch innerhalb des bestehenden Rahmens Spielräume gibt, die erfolgreich genutzt werden können, wenn das Vorhaben gegenüber dem Gesetzgeber gut begründet wird. Bei knappen Kassen sei es nötig, gute Argumente und Ideen zur Entschneidung einzubringen, die helfen, Win-win-Situationen zu schaffen (siehe Bericht von Dieter Günnewig).

In der Arbeitsgruppe 3 ging es darum, *welche planerischen und rechtlichen Voraussetzungen geschaffen werden müssten, um Zerschneidungen von Lebensräumen zu beseitigen.* Der fehlende Rechtsrahmen sei nicht das große Problem, wenn erst der politische Wille vorhanden sei. Einig war man sich, dass die Akteure des Naturschutzes zunächst konkrete Fachkonzepte erstellen, also in Vorleistung gehen sollten. Konzeptionell müssten vor allem eine klare Bestandsaufnahme vorgenommen und auf dieser Grundlage Prioritäten festgelegt sowie Modellvorhaben initiiert werden. Was die Finanzierung angehe, gebe es auch Möglichkeiten, die bisher nur unzureichend genutzt wurden (siehe Bericht von Gertrude Penn-Bressel).

«*Wie sieht eine erfolgreiche Kommunikations- und Marketingstrategie aus?*», diese Frage sollte die vierte Arbeitsgruppe beantworten. Auch zwei andere AGs kamen in ihrer Diskussion auf diesen Punkt zu sprechen. Kein Wunder, haben doch die Anliegen des Naturschutzes keine starke Lobby in Deutschland und das Thema Artenschutz und Lebensraumkorridore noch viel weniger. Sollen die Ziele erreicht werden, so müsse der Naturschutz auf der gesellschaftlichen Werteskala ein ganzes Stück nach oben rutschen, meinten die Teilnehmerinnen und Teilnehmer. Wie kann das gelingen? Die Naturschützer müssten das Thema sehr viel attraktiver kommunizieren. Dazu gehöre u.a. auch, stärker mit Bildern und Geschichten zu arbeiten, die die Menschen emotional erfassen. Auch in der internen Kommunikation zwischen den Akteuren müsse sich etwas ändern: So solle man, wenn über das Ziel Konsens bestehe, in der Wahl der Mittel pragmatischer werden (siehe Beitrag Heike Leitschuh-Fecht).

Mit ihrer Tagung wollte die Dr. Joachim und Hanna Schmidt Stiftung die Dimension der Probleme sowie den Stand der Diskussion und Entwicklung aufzeigen, aber auch Lösungsmöglichkeiten für offene Fragen präsentieren. Die Vertreter der Stiftung hoffen, dass dieses Buch ein klein wenig dazu beitragen möge, die Verständigung zwischen Naturschützern und Verkehrsplanern weiter voranzubringen und damit den Artenschutz zu unterstützen. Eines hat die Tagung sicher jetzt schon erreicht: Sie motivierte diejenigen, die auf diesem Gebiet zum Teil schon seit vielen Jahren arbeiten, ihre Bemühungen fortzusetzen bzw. zu intensivieren.

Anhang

Autorenverzeichnis

Böttcher, Marita

(Jg. 1958), Diplom-Agraringenieurin, tätig im Bundesamt für Naturschutz (BfN) Leipzig, Fachgebiet Eingriffsregelung, Verkehrswegeplanung; Arbeitsschwerpunkt: Auswirkungen von Zerschneidung durch Verkehrswege auf die Fauna und Folgenbewältigung

Borggräfe, Karsten

(Jg. 1961), Diplom-Biologe, Mitarbeiter in der Abteilung Biotopentwicklung der Aktion Fischotterschutz in Hankensbüttel

Günnewig, Dieter, Dr.

(Jg. 1958), geschäftsführender Gesellschafter des Planungsbüros Bosch & Partner in Hannover

Herrmann, Mathias, Dr.

(Jg. 1959), Diplom-Biologe, Mitbegründer des ÖKO-LOG-Büros für Freilandforschung in Parlow, Arbeitsschwerpunkte: Natur- und Artenschutz, Ökologisierung der Landnutzung

Holm, Peter

(Jg. 1935), Diplom-Bauingenieur, Präsident a. D. des niedersächsischen Landesamtes für Straßenbau, ehem. Vorsitzender der Forschungsgesellschaft für Straßen- und Verkehrswesen, Mitglied im Vorstand der Dr.-Schmidt-Stiftung

Klar, Nina

(Jg. 1976), Diplom-Biologin, Stipendiatin der Dr. Joachim und Hanna Schmidt Stiftung für Umwelt und Verkehr; promoviert über Wildkatzen an der FU Berlin

Kölsch, Oskar, Dr.

(Jg. 1958), Diplom-Agraringenieur, stellvertretender Vorstandsvorsitzender der Aktion Fischotterschutz und Leiter der Abteilung Biotopentwicklung in Hankensbüttel

Krekemeyer, Anna

(Jg. 1959), Diplom-Ingenieurin der Landespflege, Mitarbeiterin für den Bereich GIS-Anwendungen bei der Aktion Fischotterschutz in Hankensbüttel

Krüger, Hans-Heinrich, Dr.

(Jg. 1953), Diplom-Forstwirt, Leiter der Abteilung Tierhaltung und -forschung bei der Aktion Fischotterschutz in Hankensbüttel

Leitschuh-Fecht, Heike

(Jg. 1958), Diplom-Politologin, Autorin, Moderatorin und Beraterin für Nachhaltigkeit in Frankfurt a. M., Mitherausgeberin des Jahrbuchs Ökologie; sie moderierte die Tagung der Dr.-Schmidt-Stiftung und redigierte dieses Buch

Lippold, Christian, Dr. Ing.

(Jg. 1965), Professor an der TU Dresden, leitet den Lehrstuhl «Gestaltung von Straßenverkehrsanlagen» an der Fakultät Verkehrswissenschaften

Mölich, Thomas

(Jg. 1965), Diplom-Biologe, wissenschaftlicher Mitarbeiter des BUND Thüringen, leitet das Projekt «Ein Rettungsnetz für die Wildkatze» in Behringen

Penn-Bressel, Gertrude

(Jg. 1953), Diplom-Physikerin, leitet am Umweltbundesamt in Dessau das Fachgebiet «Umweltprüfungen und raumbezogene Umweltplanung»

Reiss-Enz, Viktoria

(Jg. 1954), Diplom-Ingenieurin, Expertin für Umweltfragen im österreichischen Ministerium für Verkehr, Innovation und Technologie in Wien; leitet die Arbeitsgruppe «Verkehr und Umwelt» in der Forschungsgesellschaft Straße, Schiene, Verkehr

Reck, Heinrich, Dr.-Ing.

(Jg. 1959), Oberassistent am Ökologie-Zentrum der Universität Kiel, Fachabteilung Landschaftsökologie, Arbeitsschwerpunkte: Räumliche Umweltplanung, Tierökologie, Landschaftsökologie, Straßenökologie

Righetti, Antonio

(Jg. 1956), Biologe, Zoologe und Botaniker, Inhaber des Beratungsbüros PiU GmbH in Bern; koordiniert für das Bundesamt für Umwelt in der Schweiz das wildtierbiologische Sanierungskonzept der schweizerischen Autobahnen

Schumacher, Jochen

(Jg. 1959), Assessor jur., leitet das Institut für Naturschutz und Naturschutzrecht Tübingen

Tegethof, Udo, Dr. agrar

(Jg. 1953), Diplom-Biologe, Oberregierungsrat, Referent für Naturschutz und Landschaftspflege an der Bundesanstalt für Straßenwesen (BASt) in Hannover

Völk, Friedrich, Dr.

(Jg. 1957), Diplom-Ingenieur, in der Unternehmensleitung der Österreichischen Bundesforste AG in Purkersdorf zuständig für Jagd und Wildtiere

Vogel, Burkhard, Dr.

(Jg. 1964), Diplom-Biologe, Landesgeschäftsführer des BUND Thüringen in Erfurt

Dr. Joachim und Hanna Schmidt Stiftung für Umwelt und Verkehr

Adresse

Schachtstr. 25
31241 Ilsede

Telefon +49(0) 5172-127 221
+49(0) 5172-127 260
Telefax +49(0) 5172-127 153

E-Mail birgit.moeller@nmw.de
mdschueler@t-online.de
Internet www.nmw.de/wir/stiftung/stiftung.htm

Die Dr. Joachim und Hanna Schmidt Stiftung ist eine rechtsfähige Stiftung des Bürgerlichen Rechts mit Sitz in Ilsede.

Vorstand

Prof. Dr. Dieter Feddersen
Dipl.-Ing. Peter Holm
Claus-Dieter Schmidt-Luprian
Prof. Dr. Ulrich Steger
Dipl.-Kfm. Andor Szlovak

Geschäftsführer
Dipl.-Ing. Dieter Schüler